Aline Cristina Pires

Gestão de negócios em comunicação

intersaberes

Rua Clara Vendramin, 58 • Mossunguê • CEP 81200-170 •
Curitiba • PR • Brasil • Fone: (41) 2106-4170 •
www.intersaberes.com • editora@intersaberes.com

Conselho editorial
Dr. Alexandre Coutinho Pagliarini
Drª Elena Godoy
Dr. Neri dos Santos
Mª Maria Lúcia Prado Sabatella

Editora-chefe
Lindsay Azambuja

Gerente editorial
Ariadne Nunes Wenger

Assistente editorial
Daniela Viroli Pereira Pinto

Preparação de originais
Gilberto Girardello Filho

Edição de texto
Arte e Texto Edição e Revisão de Textos
Palavra do Editor

Capa
Luana Machado Amaro (*design*)
DisobeyArt/Shutterstock (imagem)

Projeto gráfico
Charles L. da Silva
Luana Machado Amaro (adaptação de projeto)
MARII1/Shutterstock (imagens)

Diagramação
Kátia Priscila Irokawa

***Designer* responsável**
Charles L. da Silva

Iconografia
Maria Elisa Sonda
Regina Claudia Cruz Prestes

Dados Internacionais de Catalogação na Publicação (CIP)
(Câmara Brasileira do Livro, SP, Brasil)

Pires, Aline Cristina
 Gestão de negócios em comunicação / Aline Cristina Pires. -- Curitiba : Editora Intersaberes, 2023.

 Bibliografia.
 ISBN 978-85-227-0420-0

 1. Comunicação empresarial 2. Comunicação organizacional 3. Criatividade 4. Empreendedorismo 5. Gestão de negócios I. Título.

22-140620   CDD-658.802

Índices para catálogo sistemático:
1. Gestão de negócios : Comunicação : Administração   658.802

Cibele Maria Dias – Bibliotecária – CRB-8/9427

1ª edição, 2023.

Foi feito o depósito legal.

Informamos que é de inteira responsabilidade da autora a emissão de conceitos.

Nenhuma parte desta publicação poderá ser reproduzida por qualquer meio ou forma sem a prévia autorização da Editora InterSaberes.

A violação dos direitos autorais é crime estabelecido na Lei n. 9.610/1998 e punido pelo art. 184 do Código Penal.

Sumário

6   *Agradecimentos*
8   *Prefácio I*
11   *Prefácio II*
14   *Prefácio III*
17   *Apresentação*
21   *Como aproveitar ao máximo este livro*

Capítulo 01
26 Introdução ao estudo da gestão de negócios em comunicação: o negócio

27   Concepção de um novo negócio
34   Criação de um segmento de negócio
41   Levantamento de dados e oportunidades
47   Levantamento de mercado
56   Projeto de empresa

Capítulo 02
62 Planos e questões legais

63   Plano de negócios
75   Montagem legal de um negócio
79   Questões legais e contábeis

Capítulo 03
97   Da criatividade à difícil arte de delegar
98   Criatividade e gestão
105   Administração de um negócio
115   Negócio empresarial *versus* comunicação
122   O criador e o empreendedor
124   A difícil arte de delegar

Capítulo 04
133   Tipos de empresas, fluxograma e organograma
134   Tipos de empresas
143   Tipos de impostos
149   Organização, fluxograma e organograma

Capítulo 05
157   Habilidades, competências e a arte de descobrir talentos
158   Empreendedorismo
166   Perfil criativo e perfil empreendedor
169   A prospecção
173   Habilidades e competências

180   *Considerações finais*
182   *Referências*
189   *Respostas*
193   *Sobre a autora*

Dedico esta obra aos meus filhos, Fernando e Sofia, os quais me instigam a tentar me superar a cada dia. Eles certamente sentirão orgulho de mim pela produção deste livro.
Dedico-a também à minha mãe, Maria Lucia Pires, que me ensinou as lições mais difíceis de aprender – humildade e compaixão –, e ao meu esposo, grande profissional da comunicação, Emerson Guidolin.
*Gostaria, ainda, de dedicá-la a um ilustre comunicador do rádio, um grande amigo que a vida profissional me deu: Michel Micheleto (*in memoriam*).*

Agradecimentos

Ao longo de minha carreira profissional na área da comunicação, que se iniciou em 2007 com uma oportunidade de estágio em uma empresa que atualmente é um grande grupo de comunicação do Estado do Paraná, pude conhecer ótimos profissionais, como no caso da campanha publicitária histórica, criada para o extinto Banco Bamerindus, nas décadas de 1980 e 1990, idealizada pelo ilustre Sérgio Reis: "Gente que faz". Posso dizer que me tornei alguém que faz acontecer (ou, ao menos, tenta) graças às grandes mentes com as quais tive a honra de aprender e conviver. Por isso, aceitei o convite para produzir esta obra, o que certamente representou um grande desafio para mim. Portanto, quero agradecer a alguns desses profissionais.

A Sérgio Reis, que me acolheu como estagiária e me contou belíssimas histórias sobre a propaganda brasileira. Que honra! "Para frente e para o alto", ele dizia.

A Acácio Costa, por todos os ensinamentos sobre radiodifusão e por me mostrar como ser humana para além de qualquer objetivo profissional.

Ao meu professor Alexandre Correia dos Santos, que me apoiou em todo o período da graduação e me ensinou como um professor pode, sim, fazer a diferença na vida de um aluno A.

A Achiles Batista Ferreira Júnior, que me ensinou que o marketing é "show" e que um profissional pode, e deve, propagar seus conhecimentos, tornando-se também professor.

Aos entrevistados Cristiano Souza, Guilherme Rivaroli e Sr. Leopoldo, bem como aos demais colegas da equipe do SuperMarketing: Diogo, Maria e Raphael.

Às professoras "ninjas", queridas Adriana, Flávia, Grazielle, Rafaela e Karen.

Por fim, quero dizer que todos esses grandes amigos fizeram, e ainda fazem, muita diferença em minha vida. Muito obrigada!

Prefácio I

Nesta longa caminhada, comunicamos os fatos desse vasto mundo para tocar o coração das pessoas e fazer melhor a vida de todos nós.

O Grupo RIC chegou aos 35 anos acumulando lições aprendidas e ensinadas. Contamos histórias sobre o mundo, e elas se misturam com as nossas próprias histórias. A professora Aline Cristina Pires iniciou sua vida profissional conosco e é certamente um capítulo dessa narrativa, alimentada por centenas de colaboradores que passaram ou ainda estão por aqui, e por milhões que nos leem, nos ouvem, nos assistem em nossos 14 veículos que produzem informação e entretenimento.

O mundo da comunicação hoje é multiplataforma, multimídia, multiespacial. Rompeu fronteiras físicas e tecnológicas. Nem a distância, nem a linguagem, nada nos limita ou impede de levar conteúdo ao público, o que fazemos com a contribuição valiosa de nossos 600 colaboradores, além da presença de incontáveis parceiros comerciais e institucionais.

Mudou o mundo, mudamos nós. Desde o início de tudo, quando implantamos o projeto da TV Manchete no Paraná, vivemos o desafio cada vez mais complexo da gestão de toda a estrutura que nos trouxe ao lugar de maior grupo de comunicação multiplataforma do estado.

Assim como qualquer área da vida empresarial, o sucesso de um negócio no ramo da comunicação envolve muitas instâncias, e todas elas são estratégicas em alguma medida. Diariamente nos dedicamos à gestão de processos, de investimentos, de rotinas e de talentos, entre tantos outros.

A responsabilidade social de uma empresa de comunicação transcende a existência do próprio negócio. É preciso olhar além, para o papel que nos cabe na formação de consciência crítica, na construção da cidadania, na condição de porta-vozes do público, recebendo e reverberando suas demandas, participando do esforço por uma sociedade mais justa, uma economia mais vigorosa, um futuro de maiores garantias para todos.

A dimensão educadora, trazida por esta obra, é também uma de nossas preocupações. Não à toa nos orgulhamos da nossa Dtcom, empresa paranaense pioneira e líder no mercado corporativo brasileiro, que promove a utilização integrada das tecnologias de TV por satélite (teleaulas) e da internet (LMS) para o ensino a distância.

Formar, educar, informar, gerenciar são verbos que andam juntos e recebem um tratamento à altura de sua importância neste livro da professora Aline Cristina Pires, que certamente se tornará uma referência para o mercado, contribuindo para que os gestores da comunicação enxerguem e construam os melhores caminhos nesse vasto mundo.

Desejo a todos uma excelente leitura!

Leonardo Petrelli
Presidente executivo do Grupo RIC, que atua nos ramos de televisão, rádio, internet e mídia impressa no Paraná. Graduado em comunicação com ênfase em produção de TV e Cinema pela Grossmont College em San Diego, Califórnia, e especialista em Marketing e Gestão com MBA pelo IESE

Business School, em Navarra, Espanha. É também fundador e hoje presidente do Conselho de Administração da Dtcom, empresa paranaense pioneira e líder no mercado corporativo no Brasil na utilização integrada das tecnologias de TV por satélite (teleaulas) e da internet (LMS) para ensino a distância. Foi produtor e diretor executivo da Rede Globo, produzindo novelas e seriados, como *O Tempo e o Vento* e *Armação ilimitada*. Também constituiu a TVA Curitiba, associada ao Grupo Abril, como diretor geral e ajudou a constituir a TVA Sul, tornando-se presidente da *holding*, operação que deixou com cerca de 90.000 assinantes em 1990. Atuou em associações como AERP (presidente entre 1988 e 1991 e entre 1995 e 1997), ADVB (diretor presidente entre 1988 e 1990), ACP (membro do conselho deliberativo entre 2010 e 2012 e entre 2012 e 2014) e, por último, como membro do Conselho de Comunicação Social (CCS) do Senado Federal (até 2014). Ao longo de sua carreira, ganhou prêmios importantes, como Top Of Mind (Rádio Jovem Pan), Top de Marketing (Grupo RIC e Dtcom) e Publicitário do Ano (em 1993), entre outros.

Prefácio II

Bons tempos em que a comunicação tinha apenas um emissor, uma mensagem e um receptor. Era o que se ensinava nas faculdades de Jornalismo, Publicidade e Relações Públicas. Antigamente, era muito fácil entender e memorizar o processo: o emissor podia ser um cliente; a mensagem, a propaganda; e o receptor, o consumidor. Ou, ainda, o jornal era o emissor; a notícia, a mensagem; e o receptor, o leitor. Atualmente, porém, esse raciocínio não é mais válido.

A partir do começo do século XXI, a área de comunicação começou a mudar, e houve uma revolução na comunicação da mensagem. Por culpa ou pela graça da tecnologia – mais especificamente, do telefone celular –, hoje temos o mundo ao alcance dos dedos. São dezenas de aplicativos de conversa, assim como redes sociais, videochamadas e reuniões virtuais, que, figurativamente, "deram um nó" na comunicação. A multiplicação das mensagens e a possibilidade de editá-las ou tirá-las do contexto e, até mesmo, de criá-las sem nenhum critério fizeram surgir o ambiente das *fake news* (traduzindo, "mensagens falsas"). Basta pensar: Quantas vezes você já não recebeu conteúdos dessa natureza? Por exemplo: um gravíssimo acidente que "acabou de acontecer" no centro da cidade é, na realidade, uma informação antiga, e o evento em questão sequer ocorreu no Brasil; igualmente, a incrível imagem que você recebeu por *e-mail* foi manipulada digitalmente; até mesmo o discurso do presidente foi alterado por técnicas de *deep fake*, que usam a imagem e o áudio para criar uma nova fala.

Em inúmeros casos, já não é mais possível descobrir quem foi o emissor, se a mensagem está correta e a quem ela se destina. Por essas e outras razões, a comunicação se tornou um assunto muito mais sério para quem deseja atuar na área. Ou seja, não adianta mais recorrer àquele sobrinho do seu amigo ou ao primo que "manja tudo de internet". Os processos mudaram, e a cada dia surgem novas empresas e profissionais dispostos a auxiliar quem precisa usar as ferramentas de comunicação corretamente.

Foi com grande satisfação que recebi o convite da professora Aline Cristina Pires para escrever o prefácio deste livro. Esta obra surge em um momento no qual muitos querem empreender, mas não conhecem os labirintos que é necessário percorrer para conseguir um CNPJ. Mais do que isso: Que tipo de negócio o futuro empreendedor pode começar que minimize a concorrência, as dificuldades operacionais e até os riscos de naufragar antes de chegar ao porto?

Diante disso, a professora Aline mostra os atalhos que vão fazer o futuro empreendedor em comunicação não apenas ganhar tempo, mas também obter segurança para abrir seu negócio. Depois de ler este livro e aplicar os conceitos discutidos tanto pela autora quanto por profissionais experientes do mercado, certamente os caminhos se tornarão mais claros para quem deseja empreender.

Obviamente, o sucesso da caminhada dependerá de cada pessoa. No entanto, esta obra é quase como um tutorial, uma vez que detalha cada etapa do novo negócio, assim como todas as variáveis a serem consideradas, além das correções de curso necessárias caso surja algum imprevisto na jornada.

A pandemia de covid-19 que o mundo enfrentou nos últimos anos alterou drasticamente a vida dos seres humanos em diversos aspectos, e este livro já considera essas transformações. Assim, pouco importa se o negócio que se deseja abrir será em regime de *home office*, se ocorrerá em um ambiente de *coworking* ou em um condomínio comercial. O importante é que seja calibrado para a atividade a que se propõe. Há clientes pequenos, clientes médios e grandes clientes precisando de alguém que comunique bem, com clareza e eficiência. E este material, seguramente, ensina a mirar no alvo certo.

Boa leitura.

Herivelto Oliveira
Jornalista formado pela Universidade Federal do Paraná (UFPR), onde está concluindo o mestrado. Autor dos livros *Suba, nade, corra, pedale e aproveite a paisagem* e *Salomão Soifer e suas paixões*, também atua como consultor em comunicação. Em 2016, criou no YouTube o canal Brasil de Cor, que traz entrevistas com negros brasileiros.

Prefácio III

Poucos setores econômicos mudaram tanto nas últimas décadas quanto o de comunicação. O advento da internet impulsionou não apenas a demanda, mas também a oferta de entretenimento e informação. Em rigor, qualquer pessoa pode, hoje, produzir conteúdo e ganhar dinheiro com isso. Entretanto, ao mesmo tempo que ficou mais fácil ingressar nesse mercado, tornou-se ainda mais difícil manter-se nele, afinal, a concorrência nunca foi tão grande.

Mas pelo que empresas e profissionais de mídia tanto disputam? Há quem responda a essa pergunta usando uma só palavra: *atenção*. Para quem pensa assim, jornais, plataformas de *streaming*, rádios, revistas, *sites*, canais de televisão aberta ou a cabo disputariam apenas pela concentração da audiência, algo quase inexistente em um mundo que convida permanentemente à dispersão.

Prefiro dizer que, na comunicação, luta-se pelo tempo das pessoas. Apesar de Einstein ter dito que tempo é algo relativo, fato é que os seres humanos encontraram formas de medi-lo e usá-lo como base para aferir a força de conteúdos e precificar os espaços de publicidade. Nesse sentido, é mais eficiente aquele negócio de comunicação que capta mais tempo do seu público-alvo, seja ele composto por muitas pessoas ou por poucas. Audiências de massa e de nicho coexistem em um ambiente em que qualquer coisa parece caber: do longa-metragem hollywoodiano em cartaz nos cinemas ao pedicuro que faz sucesso no YouTube exibindo unha encravada em plano detalhe.

Vê-se, portanto, que o mercado de comunicação é um negócio, mas está longe de ser um negócio qualquer. Ele se baseia em elementos abstratos e raros, como o tempo, e vive em constante movimento. É tão complexo quanto empolgante. Por isso, não pode ser administrado da mesma forma que outras modalidades de prestação de serviço.

O alto grau de especificidades presente na dinâmica dos negócios de mídia impede que muitos conceitos de gestão, mesmo aqueles mais consagrados, possam ser simplesmente copiados, sem nenhuma espécie de adaptação. Para obter bons resultados, é preciso conhecimento profundo e, ao mesmo tempo, administração e comunicação. Ajudar nessa jornada formativa é justamente a intenção deste livro e de sua autora, a professora Aline Cristina Pires.

A presente obra reúne ideias oriundas de diversas disciplinas, todas elas fundamentais: da pesquisa de mercado aos recursos humanos, passando por criação, legislação e marketing. Por meio desse mosaico, o leitor tem a possibilidade de entender melhor o funcionamento de uma empresa e poder aplicar esse conhecimento na sua realidade como produtor de conteúdo e/ou vendedor de mídia.

A comunicação é algo apaixonante. Entretanto, esse belo sentimento que surge dentro do coração das pessoas não pode encobrir o fato de que comunicar também é uma atividade profissional, responsável pela subsistência de milhões de famílias e que afeta os destinos de toda a coletividade. Portanto, é necessário planejamento e responsabilidade. A educação, materializada em livros como este, é a melhor forma de garantir que o público terá a chance de se divertir e se informar de modo cada vez mais eficiente.

Prof. Fernando Morgado
Professor da Escola Superior de Propaganda e Marketing do Rio de Janeiro (ESPM Rio) e das Faculdades Integradas Hélio Alonso. Tem livros publicados no Brasil e no exterior, incluindo o *best-seller Silvio Santos: a trajetória do mito*. No Grupo Globo, trabalhou na área de inteligência de mercado e no planejamento estratégico das rádios. Como consultor e palestrante, já atuou para marcas como AERP, Band, Grupo Massa, SBT e Shoptime. Foi coordenador adjunto do Núcleo de Estudos de Rádio da Universidade Federal do Rio Grande do Sul (UFRGS). É mestre em Gestão da Economia Criativa, especialista em Gestão Empresarial e Marketing e graduado em Design com habilitação em Comunicação Visual e ênfase em Marketing pela ESPM Rio.

Apresentação

A comunicação passou a ser um requisito básico para qualquer profissão e área de negócio. Parece que, de repente, todos passaram a pensar a comunicação como se finalmente entendessem a importância, a relevância e a beleza dela. Se antes nós, publicitários, jornalistas, "marqueteiros", gestores de mídias sociais, profissionais de relações públicas e afins, éramos "os caras" de *releases*, festinhas e *posts*, agora somos os "donos do jogo". Todos nos perguntam qual é a melhor forma de comunicar isto ou aquilo, o que é ótimo. Antes tarde do que nunca, não é mesmo?

Trata-se da hora e da vez da comunicação. Considere que, se a comunicação passa a ser vista sob esse novo viés e, consequentemente, a receber tanta demanda – como nunca se viu antes –, então as empresas existentes deixam de dar conta do recado, em razão do volume de trabalho necessário. Pode-se entender que esse cenário fez com que o mercado exigisse a abertura de mais empresas. Por isso, os profissionais da comunicação se viram diante da necessidade de se tornarem empreendedores. Mas como isso poderia acontecer, já que somos nós os "criativos"? Tendemos a usar o lado do cérebro composto por muita criatividade e, teoricamente, não somos bons em ciências exatas. Dessa forma, assim como os empreendedores dos mais diversos segmentos precisaram aprender sobre comunicação, nós, comunicadores, também temos de aprender sobre empreendedorismo.

Por exemplo: um publicitário que trabalha sozinho de seu quarto, apenas com o computador pessoal, pode ser considerado pelo mercado como uma "eugência" ("eu" + "agência"), ou seja, uma agência de publicidade e propaganda formada por um único profissional, responsável por todas as funções usualmente necessárias em uma agência, como atendimento, planejamento, criação, produção, financeiro. Essa situação, antigamente, era vista como algo ruim, precário, amador e dificultava o fechamento de contratos. Mas, hoje, não mais! A "eugência" passou a ser uma microempresa individual e a atender bons clientes, saindo do amadorismo em direção ao profissionalismo.

Isso posto, precisamos analisar como o empreendedorismo ocorre no Brasil, especificamente na área de comunicação, isto é, de que maneira os profissionais dessa área podem ser autônomos, prestadores de serviços e empresários. Sabe-se que a formação inicial desses profissionais acontece, na maioria das vezes, com o objetivo de incentivá-los a buscar uma colocação no mercado de trabalho como colaboradores de empresas consolidadas já existentes. Ou seja, o empreendedorismo não é enfatizado nem direcionado para tais profissionais, de maneira que se sintam instigados a abrir o próprio negócio.

Neste livro, vamos compreender o que é um negócio na área da comunicação, como planejá-lo, concebê-lo, gerenciá-lo e comunicá-lo de modo a acompanhar as tendências existentes, respeitando as questões éticas e a legislação empresarial envolvida. Dessa forma, indicaremos como um profissional da área de comunicação pode abrir sua microempresa, isto é, o próprio negócio. Procuraremos explicar o que é preciso para que esse profissional se torne um criativo empreendedor – deixando de ser apenas um *freelancer* – e como fazer a gestão desse negócio de maneira desburocratizada – afinal, nós, da área de comunicação, permanecemos criativos. Então, por que não utilizar essa característica a nosso favor?

Todo o conteúdo selecionado foi dividido em cinco capítulos, dispostos de forma a tornar mais fácil a compreensão dos assuntos abordados.

O Capítulo 1 está estruturado em cinco temas principais: concepção de um novo negócio; criação de um segmento de negócio; levantamento de dados e oportunidades; levantamento de mercado; e, por fim, projeto de empresa. Analisaremos os conceitos de missão, visão e valores e, mediante a observação de alguns exemplos reais, mostraremos como fazer a declaração da empresa, a qual deve ser bem construída em uma organização, seja uma agência de publicidade e propaganda, seja uma assessoria de imprensa ou de comunicação.

O Capítulo 2 abordará as seguintes temáticas: plano de negócios; montagem legal de um negócio; questões legais e contábeis; e modelos de documentos empresariais essenciais, como contrato social e Cadastro Nacional da Pessoa Jurídica (CNPJ). Veremos o que é e como elaborar um bom plano de negócios. Ainda, apresentaremos alguns modelos de estruturas de planos de negócios, bem como dicas acerca do conteúdo desse plano.

O Capítulo 3 terá como foco a criatividade e mostrará como exercê-la na vida pessoal e profissional. Os temas discutidos serão: criatividade e gestão; administração de um negócio; negócio empresarial *versus* comunicação; o criador e o empreendedor; e a difícil arte de delegar.

O Capítulo 4 apresentará considerações cruciais para quem visa empreender. Examinaremos os seguintes assuntos: tipo e porte de uma empresa; diferenças entre tipo societário e natureza jurídica; e regime tributário. Ainda, trataremos dos impostos federais, estaduais e municipais e veremos como conectar todos esses elementos.

Por fim, o Capítulo 5 discutirá como o empreendedorismo pode ser aplicado à comunicação, isto é, de que modo é possível empreender nessa área.

Ao longo do material, apresentaremos exemplos e entrevistas, assim como alguns personagens da área, pois nos debruçaremos na história real de profissionais que resolveram empreender. A ideia é que você possa se inspirar em tais relatos e se desafiar a também ser um empreendedor. Esperamos que, se você é um profissional que ainda não se sente à vontade para empreender, encontre nesta obra as informações necessárias para que isso aconteça.

Boa leitura!

Como aproveitar ao máximo este livro

Empregamos nesta obra recursos que visam enriquecer seu aprendizado, facilitar a compreensão dos conteúdos e tornar a leitura mais dinâmica. Conheça a seguir cada uma dessas ferramentas e saiba como estão distribuídas no decorrer deste livro para bem aproveitá-las.

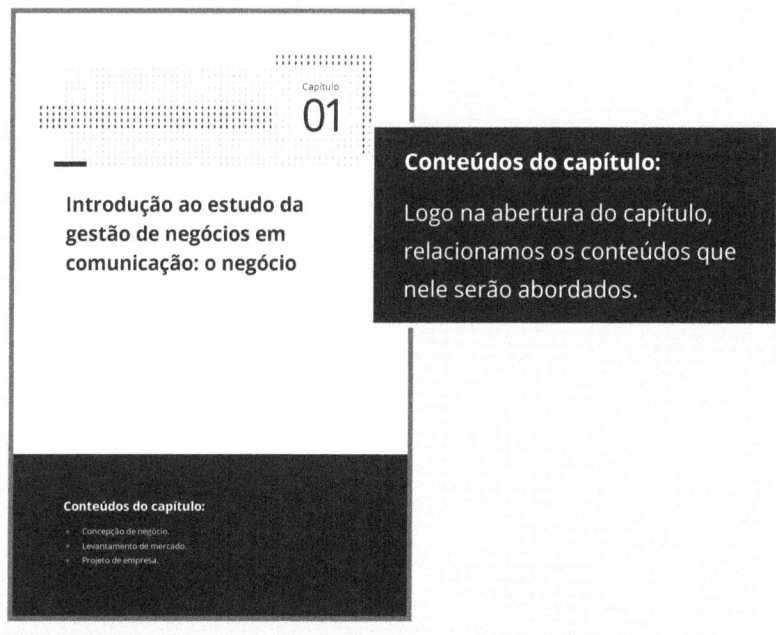

Conteúdos do capítulo:

Logo na abertura do capítulo, relacionamos os conteúdos que nele serão abordados.

22 Gestão de negócios em comunicação

Após o estudo deste capítulo, você será capaz de:

1. compreender como nasce um negócio na área de comunicação;
2. analisar o mercado da comunicação;
3. projetar seu negócio na área de comunicação.

1.1 Concepção de um novo negócio

Sem dúvida, abrir um novo negócio representa um grande desafio. Certamente você já ouviu falar sobre negócios de diferentes ramos que são encerrados não muito tempo depois de terem sido lançados. Isso justifica a importância de conceber bem um novo negócio, ou seja, de estudar sobre ele, analisar o que se quer oferecer e para quem, como está o mercado e quais são os principais concorrentes. É importante sondar o terreno em que se quer plantar para, então, garantir ao máximo a colheita. Logo, é necessário fazer uma boa administração, ter uma boa estratégia de marketing e fluxo de caixa, além de muita inovação e, claro, criatividade.

A seguir, vamos tratar da concepção de um negócio na área de comunicação, especificamente na fase do nascimento. Imagine que você é um profissional de marketing, um mercadólogo. Em determinado momento de sua carreira, depois de ter atuado no departamento de marketing de algumas empresas, você decide se tornar um profissional autônomo, atuar sozinho e não mais trabalhar para

---

Após o estudo deste capítulo, você será capaz de:

Antes de iniciarmos nossa abordagem, listamos as habilidades trabalhadas no capítulo e os conhecimentos que você assimilará no decorrer do texto.

---

23 Introdução ao estudo da gestão de negócios em comunicação: o negócio

fez uso de seu *networking*. Buscou contatar aqueles que já conheciam sua forma de atuação no mercado de trabalho, mas, desta vez, com o objetivo de oferecer-lhes sua prestação de serviços.

Perguntas & respostas

O que é *briefing*?

"[...] ato de dar informações e instruções concisas e objetivas sobre missão ou tarefa a ser executada (p.ex., uma operação militar, um trabalho publicitário ou jornalístico)" (Briefing, 2009).

O que é *networking*?

> *Networking* é um termo utilizado no contexto empresarial e refere-se à troca de informações e conhecimentos com uma rede de contatos. O objetivo do *networking* é **ampliar as oportunidades de sucesso profissional**, porém não deve ser uma ação unilateral – para ser efetivo, é preciso que haja reciprocidade, isto é, o benefício deve ser mútuo. (Significados, 2022a, grifo do original)

Vimos um exemplo de como um negócio na área de comunicação pode ser criado. No caso em tela, ele surgiu da necessidade de Valdete de se recolocar no mercado, de retomar suas atividades profissionais, independentemente de ser aprovada em um processo seletivo de uma grande empresa.

Existem outras questões que podem motivar os profissionais da área de comunicação a criar os próprios negócios, como o sonho de ser "dono do próprio nariz" e o desejo de construir algo ou de ser um

---

Perguntas & respostas

Nesta seção, respondemos às dúvidas frequentes relacionadas aos conteúdos do capítulo.

Gestão de negócios em comunicação

Estudo de caso

Nesta seção, relatamos situações reais ou fictícias que articulam a perspectiva teórica e o contexto prático da área de conhecimento ou do campo profissional em foco, com o propósito de levá-lo a analisar tais problemáticas e a buscar soluções.

Para saber mais

Sugerimos a leitura de diferentes conteúdos digitais e impressos para que você aprofunde sua aprendizagem e siga buscando conhecimento.

Síntese

Ao final de cada capítulo, relacionamos as principais informações nele abordadas a fim de que você avalie as conclusões a que chegou, confirmando-as ou redefinindo-as.

---

4. **Pense em longo prazo**, considerando o potencial crescimento do seu negócio, orçamento necessário para isso, quantidade de profissionais para ajudar, e outros pontos relacionados
5. **Procure motivações para seguir adiante**, por mais que o processo pareça trabalhoso e demorado, não deixe de acreditar no seu sonho e no seu potencial empreendedor
6. **Cumpra com todas as suas metas**, não deixando que intercorrências comprometam o alcance do objetivo determinado inicialmente.

Essas definições prévias garantirão a você a base para compor o plano de negócios, que será abordado na sequência desta obra. Mas lembre-se: baseie-se em dados, em informações concretas que possam lhe dar segurança para seguir em frente.

Síntese

Neste capítulo, vimos como nascem as empresas e quais são os primeiros passos para obter e conduzir o próprio negócio na área da comunicação. Analisamos as ferramentas que podem ser utilizadas para definir a estratégia e examinamos o exemplo fictício da empreendedora Valdete, que empreendeu por necessidade, recorrendo aos recursos e diferenciais que tinha no momento. Além disso, apresentamos os conceitos de missão, visão e valores, bem como os de pesquisa de mercado e *benchmarking*.

Questões para revisão

1. Por que é importante redigir a missão e a visão de uma empresa? Explique.
2. Defina em que consiste a pirâmide de Maslow.
3. Assinale a alternativa correta quanto à segmentação socioeconômica:
   a) Relaciona-se à divisão de um mercado que pode segmentar a área de um país em territórios, como regiões, estados, microrregiões, municípios, bairros, quarteirões e domicílios.
   b) Inclui idade, posição no ciclo de vida, sexo, raça, nacionalidade, religião e tamanho da família. A idade e a posição do consumidor em seu ciclo de vida são especialmente utilizadas.
   c) Refere-se às características de renda, ocupação, educação e classe social. Há inter-relações entre as características individuais e o efeito de cada uma delas em cada sujeito.
   d) Diz respeito a aspectos como personalidade, atitudes, atividades, interesses, opiniões e estilos de vida.
   e) Trata-se da perspectiva dos consumidores em termos dos benefícios buscados e visualizados em marcas.
4. Muitas empresas encontram dificuldades para estabelecer suas declarações de missão e visão. Uma declaração de visão ideal deve conter:
   a) o plano de negócios da organização.
   b) o segmento da empresa.

Questões para revisão

Ao realizar estas atividades, você poderá rever os principais conceitos analisados. Ao final do livro, disponibilizamos as respostas às questões para a verificação de sua aprendizagem.

Questões para reflexão

Ao propormos estas questões, pretendemos estimular sua reflexão crítica sobre temas que ampliam a discussão dos conteúdos tratados no capítulo, contemplando ideias e experiências que podem ser compartilhadas com seus pares.

---

c) a razão da existência da organização.
d) condutas éticas condizentes com os ideais da instituição.
e) interesses alcançáveis a médio ou longo prazo, bem como aspectos sobre onde a empresa está, aonde quer chegar e como fazê-lo.

5. De acordo com o que estudamos neste capítulo, assinale a alternativa que se refere corretamente aos valores de uma organização:
   a) Subdivisão do mercado de uma empresa em partes homogêneas.
   b) Estímulo que faz com que o indivíduo aja de determinada maneira.
   c) Conjunto de informações e de dados para o desenvolvimento de um trabalho.
   d) Princípios nos quais a organização acredita, ou seja, trata-se da base de sustentação do negócio.
   e) Referem-se à área de atuação da empresa, isto é, ao ramo em que a nova organização vai se inserir no mercado.

Questões para reflexão

1. De acordo com os exemplos listados neste capítulo, elabore a missão de sua empresa. Escolha uma das frases iniciais sugeridas neste livro (sobre a definição da missão) e complete-a com o propósito de sua empresa.

Capítulo 01

Introdução ao estudo da gestão de negócios em comunicação: o negócio

Conteúdos do capítulo:

- Concepção de negócio.
- Levantamento de mercado.
- Projeto de empresa.

Após o estudo deste capítulo, você será capaz de:

1. compreender como nasce um negócio na área de comunicação;
2. analisar o mercado da comunicação;
3. projetar seu negócio na área de comunicação.

1.1 Concepção de um novo negócio

Sem dúvida, abrir um novo negócio representa um grande desafio. Certamente você já ouviu falar sobre negócios de diferentes ramos que são encerrados não muito tempo depois de terem sido lançados. Isso justifica a importância de conceber bem um novo negócio, ou seja, de estudar sobre ele, analisar o que se quer oferecer e para quem, como está o mercado e quais são os principais concorrentes. É importante sondar o terreno em que se quer plantar para, então, garantir ao máximo a colheita. Logo, é necessário fazer uma boa administração, ter uma boa estratégia de marketing e fluxo de caixa, além de muita inovação e, claro, criatividade.

A seguir, vamos tratar da concepção de um negócio na área de comunicação, especificamente na fase do nascimento. Imagine que você é um profissional de marketing, um mercadólogo. Em determinado momento de sua carreira, depois de ter atuado no departamento de marketing de algumas empresas, você decide se tornar um profissional autônomo, atuar sozinho e não mais trabalhar para alguém. Pode parecer tentador não ter mais um chefe nem horário a cumprir, bem como trabalhar de onde estiver e ter quantas folgas quiser por mês. Mas não é bem assim!

Abrir o próprio negócio é muito difícil, pois requer disciplina e dedicação. Mas não estamos dizendo que ele não traz benefícios. Vamos exemplificar isso por meio de uma história verdadeira, mas com personagens fictícios. Assim como na história de Luísa em *O segredo de Luísa*, de Fernando Dolabela (1999) – se você ainda não leu essa obra, fica a dica –, vamos contar a história empreendedora de Valdete.

Valdete se formou em Marketing. Iniciou a carreira em uma grande empresa, na qual passou por vários cargos na área de marketing. Ela se casou, teve seu primeiro filho e, após o período da licença-maternidade, foi demitida, em um momento em que as mulheres ainda sofriam muito com a questão relacionada ao descarte de função pós-maternidade.

Então, Valdete se viu obrigada a empreender. Juntou o que tinha de melhor: sua agenda cheia de contatos úteis e de profissionais reconhecidos no mercado. Assim, ela passou a atuar com a prestação de serviços na área de promoções e eventos. Convidou sua amiga, Rose, para ser sócia e criou a empresa Ponto Eventos.

Valdete tinha o sonho de atender clientes importantes e de realizar grandes eventos, e foi isso que fez. As reuniões aconteciam em sua casa, entre ela e sua sócia. Ela atendia os clientes nas sedes deles, apanhava os *briefings* e os levava para seu apartamento – a sede da Ponto Eventos – a fim de discuti-los com Rose. Sua agenda de contatos lhe trouxe grandes clientes, ou seja, Valdete sabiamente fez uso de seu *networking*. Buscou contatar aqueles que já conheciam sua forma de atuação no mercado de trabalho, mas, desta vez, com o objetivo de oferecer-lhes sua prestação de serviços.

Perguntas & respostas

O que é *briefing*?

"[...] ato de dar informações e instruções concisas e objetivas sobre missão ou tarefa a ser executada (p.ex., uma operação militar, um trabalho publicitário ou jornalístico)" (Briefing, 2009).

O que é *networking*?

> *Networking* é um termo utilizado no contexto empresarial e refere-se à troca de informações e conhecimentos com uma rede de contatos. O objetivo do *networking* é **ampliar as oportunidades de sucesso profissional**, porém não deve ser uma ação unilateral – para ser efetivo, é preciso que haja reciprocidade, isto é, o benefício deve ser mútuo. (Significados, 2022a, grifo do original)

Vimos um exemplo de como um negócio na área de comunicação pode ser criado. No caso em tela, ele surgiu da necessidade de Valdete de se recolocar no mercado, de retomar suas atividades profissionais, independentemente de ser aprovada em um processo seletivo de uma grande empresa.

Existem outras questões que podem motivar os profissionais da área de comunicação a criar os próprios negócios, como o sonho de ser "dono do próprio nariz" e o desejo de construir algo ou de ser um empresário. A iniciativa empreendedora pode ocorrer por conta da paixão pela área de atuação e pelas atividades exercidas, ou seja, a paixão pelo que se faz. Mas esse sonho deve ser possível, isto é, ser pensado com os pés no chão. O ponto de partida devem ser algumas reflexões primordiais, como: qual será a missão da empresa; o que se quer alcançar; em quais valores ela será baseada. Estamos nos referindo, respectivamente, à missão, à visão e aos valores.

∴ 1.1.1 O que é missão

A missão de uma organização consiste na razão de sua existência no mercado e na sociedade. Trata-se do motivo pelo qual ela foi fundada. A orientação para a formulação da missão de uma empresa deve ser baseada nas respostas para as seguintes questões: O quê? Para quem? Como? Onde? Além disso, é necessário contemplar a responsabilidade social da organização, ou seja, entender como a atividade que a empresa se propõe a fazer poderá ser importante para a sociedade. Em outras palavras, de que modo a organização será relevante para o seu entorno, para a comunidade em que será inserida?

Na prática, a missão consiste em uma frase ou um pequeno texto que sintetize em que consiste a organização. A seguir, observe alguns exemplos de frases iniciais que podem auxiliar na elaboração da missão da empresa, conforme sugestões de Orlickas (2012, p. 69):

- fornecer produtos e serviços de qualidade...
- oferecer soluções a...

- desenvolver, produzir e comercializar produtos e serviços destinados a...
- comercializar, com excelência, produtos e serviços para atender às necessidades de...
- contribuir para o aumento da produção de...
- ajudar o crescimento de organizações e pessoas...
- produzir, desenvolver e comercializar bens e serviços...
- suprir o mercado consumidor com produtos da melhor qualidade...

Ainda de acordo com Orlickas (2012, p. 69), no texto de missão da empresa, é importante "contemplar as AÇÕES DAS PESSOAS ENVOLVIDAS, mencionar os SERVIÇOS OFERECIDOS e posicionar o RESULTADO PRETENDIDO".

∴ 1.1.2 O que é visão

A visão diz respeito aos interesses alcançáveis a médio ou longo prazo e refere-se aos propósitos e objetivos a serem atingidos. Uma visão adequadamente elaborada precisa declarar onde a empresa está, aonde quer chegar e de que maneira pretende fazê-lo. Trata-se de um pequeno texto, escrito de modo claro e simples, cujo objetivo é facilitar a compreensão dos profissionais da organização. Portanto, é a visão que norteará os colaboradores e, até mesmo, o gestor, que se baseará nessa ideia para tomar suas decisões sem se desviar do objetivo formulado.

∴ 1.1.3 O que são valores

Os valores estão relacionados aos princípios nos quais a organização acredita, ou seja, à base de sustentação do negócio, e aplicam-se a condutas éticas e coerentes com os ideais de uma empresa ou marca. Entre os valores, podemos citar: respeito, integridade, responsabilidade, excelência, qualidade, eficiência, cordialidade e transparência.

Observe, no Quadro 1.1, a seguir, um exemplo de composição de missão e visão do Grupo Globo, o maior conglomerado de mídia e comunicação do Brasil.

Quadro 1.1 – Missão e visão

Missão	Oferecer experiências de qualidade por meio de conteúdos e serviços que informem, divirtam e contribuam para educação dos brasileiros.
Visão	Queremos ser o ambiente onde todos se encontram e se reconhecem. Onde têm informação, diversão e cultura, instrumentos sociais para uma sociedade que busca a felicidade de todos e de cada um.

Fonte: Elaborado com base em Grupo Globo, 2022.

Na sequência, no Quadro 1.2, leia a declaração de missão de outras empresas na área de comunicação.

Quadro 1.2 – Missão

Empresas	Missão
Assessorias de comunicação	"Atender as necessidades de relações públicas das organizações, através do planejamento e execução de planos e projetos voltados ao relacionamento empresarial. Trabalhar com a comunicação de forma estratégica, utilizando as ferramentas necessárias para o alcance dos objetivos dos clientes".
Assessoria de imprensa	"Atender em termos de comunicação, mais focado na questão jornalística, e da melhor maneira possível, satisfazendo o cliente. Entender a necessidade do cliente e, a partir desse entendimento, propor alternativas de comunicação e executá-las".
Agências de publicidade e propaganda	"Aumentar as vendas a curto prazo e construir marcas fortes a longo prazo para nossos clientes".

Fonte: Elaborado com base em Dornelles, 2006, p. 5-6.

Ao analisarmos esses exemplos, podemos entender melhor a importância de redigir a missão de uma empresa mediante frases que demonstram a síntese do negócio desde o início de sua existência. Nas palavras de Orlickas (2012, p. 68): "É por meio do exercício de desenvolver a missão da empresa que obtemos todas as outras tarefas envolvidas, tais como as políticas e estratégias organizacionais".

É importante que o empreendedor da área de comunicação tenha a declaração (missão, visão, valores) "na ponta da língua", uma vez que ela é a base da comunicação organizacional de toda e qualquer empresa. Como comunicadores, nós trabalhamos as questões relativas à missão, à visão e aos valores com diversos clientes de diferentes segmentos. Assim, espera-se que o profissional da área de comunicação consiga defini-las brilhantemente para o seu próprio negócio. Afinal, não podemos acreditar no velho ditado de que "em casa de ferreiro o espeto é de pau", não é mesmo?

1.2
Criação de um segmento de negócio

O **segmento de negócio** de uma organização basicamente diz respeito à sua área de atuação, ou seja, ao ramo no qual a nova empresa vai ser inserida no mercado. A criação de um segmento de negócio consiste em definir o **ramo de atividade** de uma organização. Por exemplo, se estamos falando em gestão de negócios na esfera da comunicação, então muito provavelmente o negócio será encaixado na categoria de **serviços**, pois partimos da escolha entre três categorias: indústria, comércio e serviços.

Nessas categorias, há várias possibilidades de atuação, como a fabricação ou venda de produtos e a **prestação de serviços**. Portanto, esta é uma das primeiras decisões a serem tomadas quando alguém se direciona para o empreendedorismo, ou seja, quando vai de fato abrir uma empresa.

A esse respeito, observe o Quadro 1.3, a seguir.

Quadro 1.3 – Categorias para definir o perfil da empresa

Indústria	Tem como característica a transformação de matéria-prima em produtos para o consumo.	Fabricação de roupas, móveis, cosméticos, equipamentos eletrônicos etc.
Comércio	Responsabiliza-se pela venda dos produtos fabricados pela indústria.	Venda de roupas, alimentos, bebidas etc.
Serviços	Trata-se da oferta de mão de obra. Aplica-se a empresas ou profissionais que oferecem seu trabalho ao cliente, apoiando-o em diversos momentos.	Prestação de serviços de odontologia, advocacia, educação, comunicação etc.

Diante do exposto, podemos entender que a maioria dos profissionais da área de comunicação trabalhará com a prestação de serviços, uma vez que seus conhecimentos e suas habilidades comunicacionais se vinculam a essa prática, ou seja, ao oferecimento de um vasto portfólio de serviços de comunicação. Certamente, a partir dessa definição, outras também serão necessárias. Por exemplo, é preciso encontrar especificamente o ramo exato do serviço que se quer prestar, com base na legislação empresarial vigente e de acordo com a *expertise* de cada profissional. Para isso, é possível contar com a ajuda de um contador (profissional de ciências contábeis) para estabelecer esta e outras definições relativas à empresa.

Na Figura 1.1, a seguir, você pode observar um exemplo de código de atividade empresarial.

Figura 1.1 – Classificação Nacional de Atividades Econômicas (CNAE)

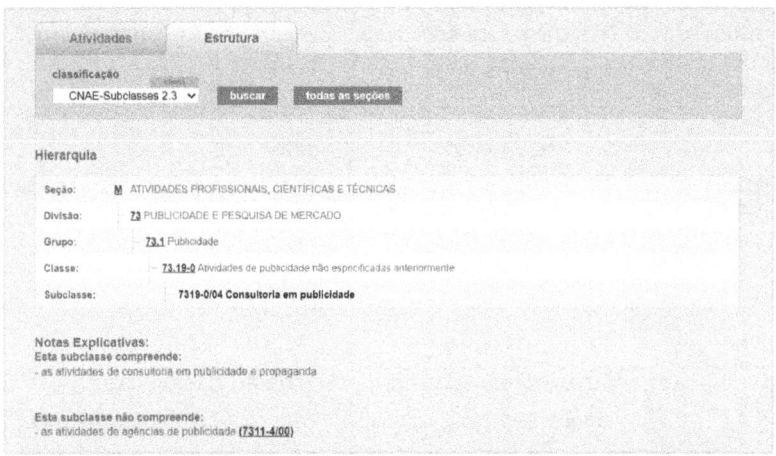

Fonte: IBGE; Concla, 2022.

A CNAE consiste na

classificação oficialmente adotada pelo Sistema Estatístico Nacional na produção de estatísticas por tipo de atividade econômica, e pela Administração Pública, na identificação da atividade econômica em cadastros e registros de pessoa jurídica. A CNAE não faz distinção entre tipo de propriedade, natureza jurídica, tamanho do negócio e modo de operação, uma vez que tais critérios não interferem na caracterização da atividade em si.

O IBGE é o órgão gestor da CNAE, responsável pela documentação da classificação, desenvolvimento dos instrumentos de apoio, disseminação e atendimento aos usuários sobre a aplicação da classificação. Compete-lhe ainda a manutenção da classificação e a condução dos processos de revisão. (IBGE, 2022)

A segmentação pode ser analisada por outro viés, voltado para o **segmento de mercado de uma empresa**. Trata-se da parcela do mercado atendida pela organização, dentro do setor almejado. Segundo Cobra e Urdan (2017, p. 49), a "segmentação é uma subdivisão do mercado de uma empresa em partes homogêneas, com o fim de formular estratégias e táticas de marketing".

Para que uma empresa exercite suas ações de comunicação e marketing, ela precisa considerar o público-alvo. Em razão de inúmeras variações e possibilidades, esse público pode ser diferente ou igual em muitos momentos e situações. A ideia é que, apesar de apresentar comportamentos e posturas diferentes, ele possa vir a agir de forma homogênea quando exposto a determinada ação de marketing.

Sob essa ótica, de acordo com Cobra e Urdan (2017, p. 49, grifo nosso),

> A formulação de estratégia e dos programas de marketing depende da segmentação de mercado. E segmentar requer conhecer as necessidades dos consumidores-alvo, bem como suas atitudes e comportamentos de compra. **A segmentação identifica coleções de pessoas que, para as compras, tenham, cada qual, comportamento e respostas**

ao marketing razoavelmente homogêneos, o que permite adequar os 4 Ps.

Para direcionar a estratégia de marketing e comunicação e ser assertivo nessa estratégia, o **público** precisa ser **segmentado**. Por exemplo, se há um universo de pessoas que pode vir a consumir determinado produto ou serviço, é preciso deixar claro para quem a mensagem se destina. Isso significa que, se o produto é voltado para o público feminino, o produto será segmentado para as mulheres. Por seu turno, se oferecemos prestação de serviços na área de comunicação, tais serviços serão segmentados como e para quem?

Podemos dizer que esta seria uma divisão de público, a qual deve acontecer antes da própria comunicação ou da ação. E assim se cria a segmentação desse mercado. Ainda conforme Cobra e Urdan (2017), as bases mais conhecidas para a segmentação de mercado são:

- **Geográfica**: segundo Cobra e Urdan (2017, p. 52),

    A divisão de um mercado em áreas geográficas é uma das práticas mais antigas e ainda válidas de segmentação. Uma área geográfica é relativamente fácil de ser identificada e acessível a diferentes programas de marketing. O critério geográfico pode dividir a área de um país em territórios como: regiões, Estados, microrregiões, municípios, bairros, quarteirões e domicílios.

- **Demográfica**: "As características demográficas mais usadas para segmentação de mercado incluem: idade, posição no ciclo de vida, sexo, raça, nacionalidade, religião e tamanho da família. A idade e a posição do consumidor no seu ciclo de vida são especialmente utilizadas" (Cobra; Urdan, 2017, p. 58).

- **Socioeconômica**: de acordo com a visão de Cobra e Urdan (2017, p. 60),

As características de renda, ocupação, educação e classe social são importantes para a segmentação. Há inter-relações entre as características individuais e o efeito em cada indivíduo de cada uma dessas características socioeconômicas. Assim, há pessoas que em função de educação têm um tipo de ocupação e, por conseguinte, pertencem a uma classe socioeconômica em função da renda.

- **Psicográfica**: "Dentre as características psicológicas mais úteis à segmentação, estão: (1) personalidade; (2) atitudes; (3) atividades, interesses, opiniões e estilos de vida" (Cobra; Urdan, 2017, p. 64).
- **Comportamental**: ainda segundo Cobra e Urdan (2017, p. 68, grifo nosso),

A perspectiva dos consumidores em termos de benefícios buscados e visualizados em marcas é fundamental para o marketing. Mas o benefício é subjetivo e algo difícil de ser identificado e medido. Mas é um ótimo, talvez o mais importante, critério de segmentação. Começa com os **benefícios** uma competente segmentação.

Considerando o exposto, podemos compreender que existem muitas variáveis no que diz respeito ao comportamento do consumidor (cliente), as quais são úteis para a segmentação. Por exemplo, na ocasião da contratação de um serviço, é possível questionar: por que o consumidor está contratando naquele momento; quais são os motivos da contratação; como esta é feita, se planejada ou por impulso; que benefícios são buscados no momento da confirmação; em que se baseia a concretização da contratação – economia, prestígio ou conveniência; qual é o nível de conhecimento no ato da contratação; se há pouca ou muita informação e/ou disposição para a contratação.

A segmentação baseada nos elementos que compõem o composto de marketing, ou seja, os 4 Ps (produto, preço, praça e promoção), é uma das mais utilizadas, uma vez que, com base nesses elementos, a segmentação se torna mais facilitada – o preço define a classe social e a renda de quem vai adquirir o produto ou contratar determinado serviço.

Podemos concluir que, conforme sugerem Cobra e Urdan (2017, p. 71), a segmentação, como subdivisão de um mercado maior em partes menores com reações distintas ao marketing, permite a uma empresa a consecução de diversos objetivos, tais como:

- aumentar a participação de mercado em segmentos atraentes;
- esforço concentrado de marketing e avaliar os resultados com maior facilidade;
- otimizar recursos físicos, monetários e humanos;
- facilitar a concentração dos 4 P's nos segmentos-alvo;

- aumentar a lucratividade e a imagem da empresa nos segmentos-chave.

Portanto, considere que é muito importante definir tanto a segmentação do negócio como a segmentação do mercado que se pretende atingir, e isso deve ocorrer antes da criação da organização. Então, ao desenhar algumas estratégias de comunicação e marketing para o seu negócio (em comunicação), alguns tópicos se tornarão mais claros, como o propósito de atuação, a área de atuação e o público-alvo da prestação de serviços.

Lembre-se de que, durante muito tempo, a prestação de serviços em comunicação era estabelecida entre empresas – por exemplo, uma agência de propaganda (empresa) que atendia uma marca anunciante (empresa). No entanto, atualmente, esse cenário mudou. Hoje você pode ser um prestador de serviços autônomo e atender outro profissional autônomo de outra área, atuando com a comunicação dos serviços dele. Para que isso aconteça da melhor forma possível, é preciso estar atento à segmentação de mercado e suas bases.

1.3
Levantamento de dados e oportunidades

Depois de idealizar a concepção do negócio em comunicação, elaborar a missão, a visão e os valores e definir os segmentos, chega o momento de levantar informações. Mas, antes de tratarmos de dados e oportunidades, precisamos falar de necessidades.

Sabemos que os consumidores, em geral, têm necessidades. Nessa ótica, a pirâmide de Maslow (Figura 1.2) consiste em apresentar a hierarquia das necessidades dos indivíduos como consumidores. Na base estão as necessidades fisiológicas, como fome, sede e sono. Em seguida aparecem as necessidades de segurança, de se sentir protegido. Depois estão as necessidades sociais ou de amor e relacionamento, seguidas pelas necessidades de estima (conquista) e, por último, de *status*, de autorrealização.

Figura 1.2 – Pirâmide de Maslow

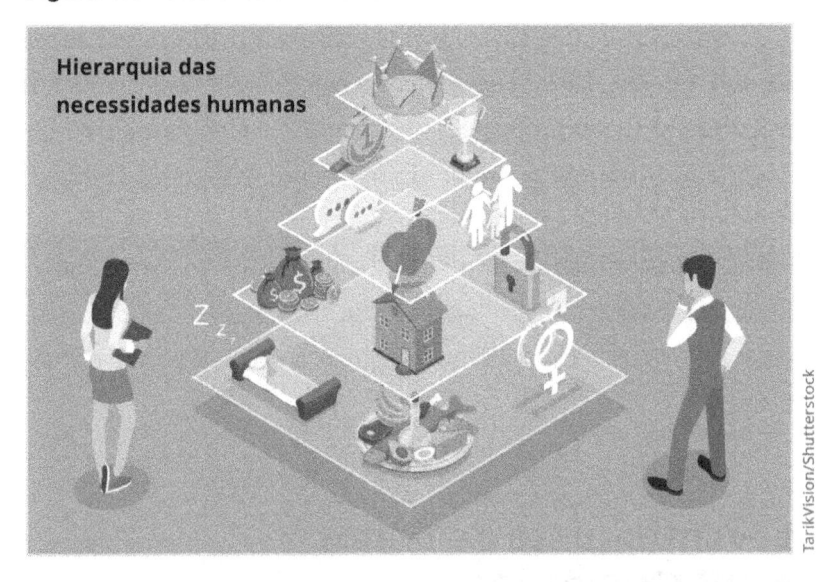

É importante que cada sujeito que tenha relação direta (profissionais da área de comunicação) ou indireta (profissionais de outras áreas) com publicidade e propaganda ou marketing entenda (ou relembre) a hierarquia das necessidades sugeridas por Abraham

Maslow. Uma vez que tal compreensão seja alcançada, pode-se propor aos consumidores algo de que eles realmente precisem.

Por exemplo, com base em necessidades fisiológicas, é possível ofertar um produto de primeira necessidade, ou seja, extremamente essencial. Ainda, se soubermos o que ele pode vir a desejar – isto é, um desejo, e não uma necessidade –, poderemos estimulá-lo, persuadi-lo (no bom sentido, atuando eticamente) da maneira correta, sendo assertivos em nossa comunicação e na propaganda – ou seja, na propaganda de nosso negócio em comunicação.

Vejamos outro exemplo: Se você oferece serviços de consultoria em marketing, está atendendo a uma necessidade ou a um desejo? Além disso, que tipo de necessidade seria esta? Você consegue entender como essa avaliação é muito importante para seu negócio? Se sabemos que o consumidor – o contratante – tem uma necessidade de adquirir determinado produto ou serviço, temos de lhe oferecer um motivo para a efetivação do consumo e/ou da contratação.

Segundo Crocco et al. (2010), o motivo consiste em um estímulo que faz com que o indivíduo aja de determinada maneira. Para Solomon (2011), esse estímulo corresponde ao reconhecimento de uma necessidade. Assim que a necessidade é ativada, o sujeito entra em um estado de tensão que o impulsiona a tentar reduzi-la ou eliminá-la. Ocorre, então, a compra e/ou a contratação de um novo serviço. Vale a pena reforçar que todo e qualquer convite à compra ou à contratação de um serviço (propaganda) deve ser pautado por princípios éticos.

Nessa perspectiva, podemos oferecer aos clientes e/ou consumidores novas oportunidades. Afinal, não queremos que nossa empresa seja apenas mais uma na área de comunicação. O intuito é que ela seja "a empresa". Porém, vale a pena estar atento ao que aponta Dolabela (1999, p. 87): "Oportunidade é uma ideia que está vinculada a um produto ou serviço que agrega valor ao seu consumidor, seja através da inovação ou da diferenciação. Ela tem algo novo e atende a uma demanda dos clientes, representando um nicho de mercado".

Uma boa ideia não necessariamente representa uma oportunidade de negócio. Há que se ter conhecimento e experiência prévia naquilo que é proposto. Considerando a pirâmide de Maslow e de acordo com Schneider e Branco (2012), para organizar o processo de escolha e de transformação de uma ideia em uma oportunidade de negócio, o empreendedor deve refletir sobre as seguintes questões:

- Quais necessidades podem ser satisfeitas com o negócio que se quer empreender?
- Quanto os potenciais clientes têm para gastar na intenção de satisfazer as próprias necessidades?
- Quais são as opções atuais para a satisfação de tais necessidades?
- Quais são os fornecedores atuais para o produto/serviço?
- O que é fornecido aos clientes pelos concorrentes atuais?
- Como estes geram valor aos clientes e ao mercado?

1.3.1 Dados

Dados e informações nunca foram tão relevantes como nos tempos atuais. Isso tanto porque hoje em dia só se fala em *fake news* e são os dados que comprovam os fatos (no caso do jornalismo) como porque na publicidade eles nunca foram tão essenciais ou, ainda, não os tínhamos com a exatidão de hoje. Se fazíamos alguma ação de marketing, os dados e as informações sempre eram aproximados, baseados em estimativas.

Em outros tempos, mensurávamos o alcance de uma revista da seguinte forma: X exemplares distribuídos em X regiões do país, em um cenário que atingirá X leitores, por exemplo. Na atualidade, não é mais assim. Com as redes sociais e os avanços na tecnologia, tornou-se possível mensurar tudo e com extrema exatidão. Os números não mentem. Mas esse novo panorama também nos gerou metas ainda mais desafiadoras.

Isso posto, compreendemos que, obviamente, temos de nos basear em dados para abrir um negócio. O importante é levantar as informações que são essenciais ao negócio. Por isso, procure analisar ferramentas que lhe forneçam a base necessária para o sucesso de seu trabalho.

1.3.2 Ferramenta para a análise de tendências

O Google Trends (Figura 1.3) é uma ferramenta gratuita do Google que possibilita fazer pesquisas sobre os termos mais buscados no mundo. Ele disponibiliza as palavras-chave mais procuradas pelas pessoas, ou seja, reflete o interesse do público. Você pode realizar sua pesquisa: por localização, para conhecer as tendências da cidade ou do Estado em que você está, por exemplo; por tema, o qual pode ser relacionado com o negócio; e até mesmo por período.

Segundo Avis (2021, p. 103),

> No Google Trends, encontramos sugestões da própria ferramenta de quais buscas podemos efetuar, incluindo comparações como "biscoito ou bolacha", ou seja, é possível inserir o nome de uma empresa e o nome de seu concorrente e verificar quais das duas apresentam melhor desempenho com relação às buscas no Google e como o assunto tem sido falado na internet. O Google Trends mostra as notícias e as estatísticas recentes que, geralmente estão relacionadas a algum tema muito explorado no mundo.

Figura 1.3 – Google Trends

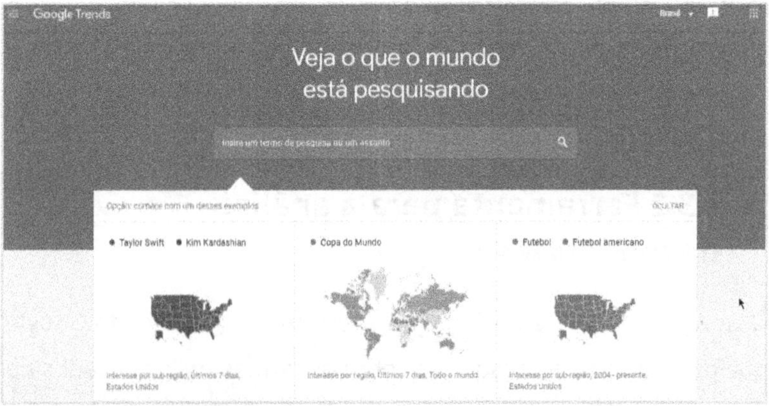

Fonte: Google Trends, 2022.

Para saber mais

Sobre ferramentas de análise de dados e tendências, leia os seguintes livros:

AVIS, M. C. **Marketing digital baseado em dados**. Curitiba: InterSaberes, 2021.

FERREIRA JUNIOR, A. B.; RIEPING, M. **ITrends**: uma análise de tendências e mercados. Curitiba: InterSaberes, 2014.

1.4 Levantamento de mercado

Além dos dados referentes a tendências e preferências do público, bem como das demais informações necessárias para a abertura da empresa, também é preciso desenvolver um olhar apurado para o mercado – no caso, para o mercado da comunicação como um todo. É importante entender o que acontece no mundo, na sociedade e com as pessoas ao redor, pois a empresa vai se inserir nesse universo e, por isso, é fundamental remar a favor da maré.

Nessa ótica, é mandatório descobrir se o mar "está para peixe" no momento ou se, de acordo com sua análise, o mercado ainda atingirá o momento considerado ideal. Ou seja, se você consegue se antecipar às necessidades do mercado e a suas futuras tendências, estará pronto para atender a uma demanda quando esta vier a existir. Isso geralmente acontece com as empresas que são pioneiras em algum negócio. Elas partem na frente. Sua empresa poderá ser uma delas com a realização das análises necessárias e corretas.

Apesar da chegada de novas tecnologias e novas formas de comunicação, a publicidade permanece em evidência, pois todas as marcas e/ou anunciantes precisam divulgar seus produtos e serviços, seja por meio de jornal impresso e de revistas nas bancas, seja via redes sociais.

Nos últimos tempos, ocorreu uma adaptação do profissional de comunicação, que antes trabalhava apenas *off-line* (fora da internet), mas hoje precisa atuar também *on-line* (dentro das redes). Isso inevitavelmente também gerou oscilações no mercado. Alguns fornecedores de mídia *off-line*, por exemplo, deixaram de faturar uma parte dos valores previstos porque as verbas publicitárias disponíveis no mercado também passaram a ser direcionadas para a produção e a veiculação de materiais *on-line*. Essa prática de distribuição de verba é entendida como normal e necessária no mercado da comunicação.

Uma vez que o importante é atingir o público-alvo do anunciante, esse trabalho de "comunicação integrada", que contempla diversos canais de comunicação, é ideal e pertinente. É incorreto dizer ou pensar que determinada possibilidade, ferramenta ou veículo de comunicação vai eliminar outro recurso. O que acontece, de fato, é que tais ferramentas são complementares para a comunicação assertiva entre anunciante e consumidor.

Um profissional de comunicação pode atuar em diversas funções no mercado. As possibilidades de trabalho são inúmeras, pois a relação de compra e venda de produtos e serviços permanece aquecida. Os fabricantes precisam vender, e os consumidores querem comprar. Em meio a essa combinação, surge a comunicação.

Obviamente, assim como a propaganda trabalha a criatividade para gerar vendas, ela também a usa para se autopromover. Os profissionais envolvidos direta ou indiretamente nesse mercado sabem que precisam se abastecer de novidades todos os dias. Quando um profissional aprende a dominar determinada ferramenta, logo em seguida surge uma novidade. Estamos falando de um mercado em constante adaptação, já que, para oferecer novidades aos clientes, primeiro é necessário dominá-las.

Para se manterem inovadoras e, claro, atenderem a uma exigência do mercado mais voltado ao ambiente digital, as agências de publicidade e propaganda passaram a contratar profissionais de áreas de tecnologia e exatas, como programadores, engenheiros e até mesmo matemáticos. Atualmente, para as empresas em geral, um bom funcionário deve conciliar humanidade com tecnologia e bons resultados numéricos – em termos financeiros.

∴ 1.4.1 O que é levantamento de mercado

Um levantamento de mercado consiste na obtenção de dados externos e de informações relevantes, bem como de análises prévias dos dados coletados, o que é extremamente necessário para a abertura do negócio. Trata-se de um estudo preliminar, de uma espécie de sondagem. Seria algo como avaliar o terreno antes de pisar nele. Grandes autores que abordam a temática do empreendedorismo apresentam diversas análises baseadas em teorias gerais e específicas da área da administração. Aqui, vamos recorrer a duas formas de levantamento de informações muito comuns em comunicação: a pesquisa de mercado e o *benchmarking*.

:: Pesquisa de mercado

Todas as decisões relacionadas a um novo empreendimento trazem consigo incertezas. Por isso, é necessário que o empresário conheça o mercado, o que deve ser feito por meio de pesquisas.

Para a realização de uma pesquisa de mercado, geralmente há dois tipos de metodologia que podem ser escolhidos: pesquisa qualitativa e pesquisa quantitativa.

Pesquisa qualitativa

A pesquisa qualitativa envolve entrevistados. São formados pequenos grupos de pessoas, e estas, por sua vez, respondem a uma série de perguntas específicas, com opções de respostas definidas – de múltipla escolha, por exemplo. Essa metodologia está relacionada aos comportamentos, à identificação de preferências. A intenção é coletar mais informações a respeito do consumidor, a fim de entender melhor o comportamento dele em relação a produtos e marcas. De posse desses dados, as decisões sobre a marca e o produto podem ser tomadas com mais assertividade.

Malhotra (2001, p. 55) define a pesquisa qualitativa como "pesquisa não estruturada, exploratória, baseada em pequenas amostras, que proporciona *insights* e compreensão do contexto do problema".

Agora, vamos analisar um exemplo. Uma emissora de TV resolve fazer uma pesquisa com o intuito de descobrir a opinião do público acerca da manutenção de determinado apresentador em certo programa. Para isso, ela contrata uma empresa que atua com pesquisas. No mercado, há organizações especializadas na realização de pesquisas (o que pode ser uma opção de negócio para profissionais de comunicação). A empresa escolhida vai formar um grupo com algumas pessoas (de 8 a 12, no máximo) e um moderador que assistem à emissora em questão, além de indivíduos que assistem a programas de uma emissora concorrente – isso porque estes acompanham a concorrente porque não gostam de algo no estilo do apresentador da empresa que solicitou a pesquisa.

O grupo de pessoas será recebido em um local confortável, com bebidas e salgadinhos, e poderá ser exposto a trechos do programa que é objeto da pesquisa. Diante de cada trecho, as pessoas devem se manifestar com suas impressões: se gostam ou não do que veem e por quê. O mediador fará a condução da conversa e levantará os questionamentos, previamente combinados entre a emissora de TV (contratante) e a empresa de pesquisa (contratada).

Na sala confortável, também haverá um falso espelho, atrás do qual estarão os profissionais da empresa de pesquisa e os colaboradores da área de marketing e comunicação da emissora de TV. Ao fim do encontro, que poderá ser realizado em uma ou mais etapas, a contratada emitirá relatórios contendo a organização dos comentários do grupo. Assim, de posse de tais informações, a equipe de marketing da emissora de TV poderá tomar a decisão de manter ou não o tal apresentador.

Esse exemplo refere-se ao ***focus group*** (grupo focal ou grupo de foco), uma das mais importantes técnicas de pesquisa qualitativa.

Trata-se de uma pesquisa encomendada para uma empresa já existente, mas a técnica de perguntas pode ser a mesma para a análise de uma organização ainda a ser lançada no mercado, com a intenção de entender o que há de bom ou ruim no segmento escolhido. Por meio dessa pesquisa, pode-se identificar o que os possíveis clientes buscam no mercado, quais lacunas devem ser preenchidas e o que se deve oferecer aos consumidores.

Pesquisa quantitativa

A pesquisa quantitativa tem o objetivo de quantificar, mensurar e está relacionada à coleta de dados, os quais, posteriormente, serão compilados e unificados, para que, por meio das informações angariadas, se consiga gerar relatórios estatísticos. Estes são apresentados em forma de gráficos e tabelas, por exemplo. De acordo com Paixão (2012), nas pesquisas quantitativas, são utilizados questionários como instrumentos, os quais podem ser dos seguintes tipos:

- **Estruturados**: são compostos de questões fechadas.
- **Não estruturados**: são formados por questões abertas ou roteiros.
- **Mistos**: envolvem questões fechadas e abertas ou roteiros.

A seguir, vejamos alguns exemplos de perguntas para compor um questionário:

- **Pergunta aberta**: a pessoa entrevistada pode responder livremente sobre o tema. Exemplo de pergunta: *Qual é sua*

opinião acerca das atuais empresas prestadoras de serviços de comunicação?
- **Pergunta semiaberta**: une a pergunta aberta à pergunta fechada. O entrevistado seleciona uma alternativa e justifica sua resposta na sequência. Por exemplo: *Em sua opinião, qual é a melhor agência de propaganda? Por quê?*

( ) *Agência A* ( ) *Agência B* ( ) *Agência C*

- **Pergunta encadeada**: a resposta para a segunda pergunta vai depender da resposta dada à primeira pergunta. Por exemplo: *O(a) Sr.(sra.) contrata serviços de comunicação? Se sim, de que empresa?*
- **Escala de Likert (concordo/não concordo)**: são apresentadas informações e afirmações sobre o objeto da pesquisa em questão. O entrevistado sinaliza se concorda total ou parcialmente, se discorda total ou parcialmente ou se nem concorda nem discorda de cada afirmação apresentada na pesquisa.
- **Escala de importância**: avalia atributos específicos e sua importância para o entrevistado. Por exemplo: *O bom atendimento em uma agência de comunicação é:*

( ) *Fundamental* ( ) *Importante* ( ) *Muito importante* ( ) *Sem importância*

Para saber mais

Para o levantamento de mercado, ainda podemos utilizar informações classificadas como secundárias, como aquelas coletadas na internet, assim como em periódicos especializados na área de comunicação, além de livros, associações de classe, associações comerciais e institutos. Veja estes *sites*:

DATASEBRAE. Disponível em: <https://datasebrae.com.br/>. Acesso em: 21 out. 2022.

ENDEAVOR BRASIL. Disponível em: <https://endeavor.org.br/>. Acesso em: 21 out. 2022.

IBGE – Instituto Brasileiro de Geografia e Estatística. Disponível em: <https://www.ibge.gov.br/>. Acesso em: 21 out. 2022.

KANTAR IBOPE MEDIA. Disponível em: <https://www.kantaribopemedia.com/intelligence>. Disponível em: 21 out. 2022.

SEBRAE – Serviço Brasileiro de Apoio às Micro e Pequenas Empresas. Disponível em: <https://www.sebrae.com.br/sites/PortalSebrae>. Acesso em: 21 out. 2022.

:: *Benchmarking*

Segundo Pimentel e Rodrigues (2018, p. 191), o *benchmarking* é uma "ferramenta de busca das melhores práticas de negócios e estratégias com vistas a otimizar os próprios métodos e alcançar um desempenho superior ao da concorrência".

Volpato (2020, grifo do original) também apresenta uma definição de *benchmarking*:

> **é um processo de estudo de concorrência, podendo ser uma análise profunda das melhores práticas usadas por empresas de um mesmo setor que o seu e que podem ser replicadas no seu empreendimento. Entre seus benefícios estão a redução de custos, aumento na produtividade e ampliação na margem de lucro.**

O mesmo autor aponta alguns benefícios importantes relacionados à utilização dessa ferramenta:

- Descobrir práticas de sucesso de empresas que já têm conhecimento estabelecido sobre um determinado assunto;
- Identificar novas tendências e sair à frente;
- Receber novas referências de empresas que atuam no mesmo segmento que o seu;
- Ganhar uma base argumentativa para discutir o curso de novos investimentos no futuro;
- Criar um plano para desenvolver estratégias e habilidades que colocarão a empresa no rumo do crescimento;
- Melhorar o conhecimento que a organização tem de si mesma;
- Aprimorar seus processos e práticas empresariais para chegar o mais próximo da excelência;

- Motivar sua equipe para alcançar objetivos realizáveis, já atingidos por outras empresas;
- Ganhar maior conhecimento do mercado;
- Aprender com quem já passou pelos mesmos desafios;
- Buscar redução de custos, aumento na produtividade e ampliação na margem de lucro etc. (Volpato, 2020)

Sob essa ótica, podemos entender que o *benchmarking* consiste em uma prática de comparação vista como sadia no mercado e aplicável a qualquer segmento. Ao observar o que a concorrência tem feito, você poderá adaptar as mesmas estratégias ao seu negócio, se julgar necessário. Em termos populares, trata-se de olhar a grama do vizinho e tentar entender como e por que ela está mais verde.

1.5
Projeto de empresa

A falta de um planejamento para a abertura de uma empresa pode resultar em insucesso. Por essa razão, antes de dar início à organização dos documentos necessários para a abertura de uma empresa, é preciso planejar, estudar e analisar o que e como será o negócio.

De acordo com Soares (2021), para elaborar um planejamento eficaz para a abertura de uma empresa, alguns requisitos se fazem necessários:

- "definir o objetivo do negócio";
- "visualizar cada etapa estrategicamente";
- "pensar em longo prazo";

- "cumprir as metas";
- "elaborar um bom plano de negócios".

É primordial saber para onde seguir e como fazer isso. Portanto, é preciso levantar hipóteses e estar preparado para enfrentá-las futuramente. Nesse sentido, o projeto de empresa auxilia na identificação de possíveis situações que requeiram aprimoramento e que possam vir a comprometer o bom andamento do negócio, antes mesmo que ele se encontre em pleno funcionamento.

Ao elaborar seu projeto de empresa, você identificará se sua ideia de negócio é realmente viável e se algo tem de ser ajustado. Trata-se do momento em que você deverá refletir e visualizar no papel se aquilo que parecia perfeito e simples de realizar é mesmo tão fácil.

Mas o que é preciso para fazer um projeto empresarial? Ainda de acordo com Soares (2021, grifo do original), para não excluir nenhuma informação importante, este é o caminho a ser seguido:

1. **Comece definindo qual é o principal objetivo do seu negócio**, por exemplo, prestar serviços na área de beleza ou de saúde, fabricar algum produto específico etc.

2. **Separe o seu planejamento para abertura de empresa em fases**, isso evita sobrecarga e que você deixe algum ponto importante passar

3. **Visualize cada passo estrategicamente**, evitando que a emoção de empreender contribua para atitudes equivocadas que podem comprometer a abertura e funcionamento do negócio

4. **Pense em longo prazo**, considerando o potencial crescimento do seu negócio, orçamento necessário para isso, quantidade de profissionais para ajudar, e outros pontos relacionados

5. **Procure motivações para seguir adiante**, por mais que o processo pareça trabalhoso e demorado, não deixe de acreditar no seu sonho e no seu potencial empreendedor

6. **Cumpra com todas as suas metas**, não deixando que intercorrências comprometam o alcance do objetivo determinado inicialmente.

Essas definições prévias garantirão a você a base para compor o plano de negócios, que será abordado na sequência desta obra. Mas lembre-se: baseie-se em dados, em informações concretas que possam lhe dar segurança para seguir em frente.

Síntese

Neste capítulo, vimos como nascem as empresas e quais são os primeiros passos para obter e conduzir o próprio negócio na área da comunicação. Analisamos as ferramentas que podem ser utilizadas para definir a estratégia e examinamos o exemplo fictício da empreendedora Valdete, que empreendeu por necessidade, recorrendo aos recursos e diferenciais que tinha no momento. Além disso, apresentamos os conceitos de missão, visão e valores, bem como os de pesquisa de mercado e *benchmarking*.

Questões para revisão

1. Por que é importante redigir a missão e a visão de uma empresa? Explique.

2. Defina em que consiste a pirâmide de Maslow.

3. Assinale a alternativa correta quanto à segmentação socioeconômica:
   a) Relaciona-se à divisão de um mercado que pode segmentar a área de um país em territórios, como regiões, estados, microrregiões, municípios, bairros, quarteirões e domicílios.
   b) Inclui idade, posição no ciclo de vida, sexo, raça, nacionalidade, religião e tamanho da família. A idade e a posição do consumidor em seu ciclo de vida são especialmente utilizadas.
   c) Refere-se às características de renda, ocupação, educação e classe social. Há inter-relações entre as características individuais e o efeito de cada uma delas em cada sujeito.
   d) Diz respeito a aspectos como personalidade, atitudes, atividades, interesses, opiniões e estilos de vida.
   e) Trata-se da perspectiva dos consumidores em termos dos benefícios buscados e visualizados em marcas.

4. Muitas empresas encontram dificuldades para estabelecer suas declarações de missão e visão. Uma declaração de visão ideal deve conter:
   a) o plano de negócios da organização.
   b) o segmento da empresa.

c) a razão da existência da organização.

d) condutas éticas condizentes com os ideais da instituição.

e) interesses alcançáveis a médio ou longo prazo, bem como aspectos sobre onde a empresa está, aonde quer chegar e como fazê-lo.

5. De acordo com o que estudamos neste capítulo, assinale a alternativa que se refere corretamente aos valores de uma organização:

   a) Subdivisão do mercado de uma empresa em partes homogêneas.

   b) Estímulo que faz com que o indivíduo aja de determinada maneira.

   c) Conjunto de informações e de dados para o desenvolvimento de um trabalho.

   d) Princípios nos quais a organização acredita, ou seja, trata-se da base de sustentação do negócio.

   e) Referem-se à área de atuação da empresa, isto é, ao ramo em que a nova organização vai se inserir no mercado.

Questões para reflexão

1. De acordo com os exemplos listados neste capítulo, elabore a missão de sua empresa. Escolha uma das frases iniciais sugeridas neste livro (sobre a definição da missão) e complete-a com o propósito de sua empresa.

2. Reflita a respeito de quais serão os serviços oferecidos pela sua empresa ao mercado e sobre como você fará isso. Você considera que terá um diferencial em sua prestação de serviços?

Capítulo
02

Planos e questões legais

Conteúdos do capítulo:

- Como elaborar o plano de negócios.
- O que é preciso para montar o seu negócio.
- Informações contábeis.

Após o estudo deste capítulo, você será capaz de:

1. elaborar o seu plano de negócios;
2. identificar novas oportunidades de negócios em comunicação;
3. compreender questões legais e contábeis necessárias para a abertura de uma empresa.

2.1
Plano de negócios

Podemos dizer que um plano de negócios é uma espécie de ensaio no papel. Por meio de sua elaboração, visa-se diminuir os riscos e o insucesso de uma nova empresa. Portanto, ao elaborar seu plano de negócios, você poderá evitar erros e prever algumas possíveis situações.

Essa elaboração compõe o processo empreendedor e faz parte do processo inicial, que despertará de uma vez por todas o empreendedor que há em você. Ao se debruçar sobre o papel e escrever o plano de negócios, tudo se tornará mais claro. A partir disso, você obterá uma direção mais detalhada e possível sobre como proceder. Saberá se o caminho escolhido é realmente aquele que deseja seguir e quais serão os próximos passos. Por meio de um bom plano de negócios, será possível observar a viabilidade de sua ideia e, assim, buscar informações acerca de pontos fortes e fracos de seu negócio, além de dados a respeito de clientes, fornecedores e mercado.

As informações concretas são a matéria-prima de qualquer plano de negócios. Desse modo, faz-se necessário atualizá-lo conforme as mudanças ocorridas no mercado ou, ainda, na própria organização. É ele que informará se vale mesmo a pena abrir a empresa da forma como ela foi pensada e se o momento é, de fato, oportuno para isso.

Mas por que muitos empreendedores resistem em criar um plano de negócios? Se questionarmos um empresário a respeito desse assunto, ele certamente nos fornecerá ao menos uma das respostas a seguir, conforme Bangs (1998):

- "não necessito de um";
- "tenho um na cabeça";
- "não sei como começar";
- "não tenho tempo";
- "não sou bom com os números";
- "tenho muito dinheiro e não preciso disso, pois já tenho sucesso".

Ainda com relação ao plano de negócios, Chiavenato (2021, p. 135) afirma o seguinte:

> O plano de negócio é uma construção de ideias a respeito do projeto do empreendimento em forma de relatório que configura todos os aspectos de um negócio atual ou futuro a fim de permitir um conhecimento amplo e abrangente do mesmo. O plano de negócio é fundamental para que o empreendedor e outros atores vinculados a ele, como sócios, investidores, financiadores etc., possam ter uma ideia geral a respeito do

negócio a ser empreendido. Para tanto, o plano de negócio deve ser claro, objetivo e, sobretudo, motivador para quem o leia e interprete.

De acordo com o Serviço Brasileiro de Apoio às Micro e Pequenas Empresas (Sebrae, 2022), o plano de negócios é "um documento que descreve por escrito os objetivos de um negócio e quais passos devem ser dados para que esses objetivos sejam alcançados, diminuindo os riscos e as incertezas. Um plano de negócio permite identificar e restringir seus erros no papel, ao invés de cometê-los no mercado".

O plano de negócios é importante porque auxilia o empreendedor na redução de riscos, sendo a base para a empresa, de modo a mostrar o caminho a ser seguido e facilitar o alcance dos objetivos. Quando algo é inserido no papel, torna-se visível – documentado –, então ocorre o momento de apreciação e melhor entendimento do que ali foi colocado. É como se o empreendedor pudesse ter uma visão mais clara, concreta, daquilo que deseja por meio do registro no papel. Certamente você já apresentou alguma ideia para alguém e ouviu algo como: "coloque isso no papel". A seguir, é possível entender como isso ocorre, de maneira prática.

∴ 2.1.1 Roteiro esquematizado para o plano de negócios

O roteiro esquematizado para a elaboração do plano de negócios não exclui os prováveis erros, mas ajuda a identificá-los e a nortear melhor a tomada de decisões perante os possíveis desafios futuros. Trata-se da elaboração de um *checklist* de itens principais com a intenção de garantir o bom funcionamento do negócio. A seguir, no Quadro 2.1, observe as informações primordiais já roteirizadas que devem fazer parte do plano de negócios.

Quadro 2.1 – Roteiro do plano de negócios

Plano de Negócio
1. Ramo de atividade Por que escolheu esse negócio?
2. Mercado consumidor Quem são os clientes? O que tem valor para os clientes?
3. Mercado fornecedor Quem são os fornecedores de insumos e serviços?
4. Mercado concorrente Quem são os concorrentes?
5. Produtos/Serviços a serem ofertados Quais são as características dos produtos/serviços? Quais são os seus usos menos evidentes? Quais são as suas vantagens e desvantagens diante dos concorrentes? Como criar valor para o cliente por meio dos produtos/serviços?
6. Localização Quais são os critérios para a avaliação do local ou do "ponto"? Qual é a importância da localização para o seu negócio?

(continua)

(Quadro 2.1 – conclusão)

7. Processo operacional
Como sua empresa vai operar etapa por etapa? (Como fazer?)
Como fabricar?
Como vender?
Como fazer o serviço?
Qual trabalho será feito? Quem o fará? Com que material? Com que equipamento?
Quem tem conhecimento e experiência no ramo?
Como fazem os concorrentes?

8. Previsão de produção, previsão de vendas ou previsão de serviços
Qual é a necessidade e a procura do mercado?
Qual é a sua provável capacidade de produção?
Qual é a disponibilidade de matérias-primas e de insumos básicos?
Qual é o volume de produção/vendas/serviços que você planeja para seu negócio?

9. Análise financeira
Qual é a estimativa da receita da empresa?
Qual é o capital inicial necessário?
Quais são os gastos com materiais?
Quais são os gastos com pessoal de produção?
Quais são os gastos gerais de produção?
Quais são as despesas administrativas?
Quais são as despesas de vendas?
Qual é a margem de lucro desejada?

Fonte: Chiavenato, 2021, p. 138.

O plano de negócios deverá nortear todos os envolvidos, tais como investidores, fornecedores, clientes e equipes de trabalho, sempre com vistas à adesão e à aceitação das partes envolvidas. Dessa forma, a empresa será devidamente compreendida.

Imagine que você se reunirá com um investidor ou parceiro para lhe explicar seu negócio. Para isso, você precisará apresentar o plano de negócios, a fim de que seu possível sócio possa visualizar em que consiste sua empresa e, assim, sinta-se convencido de que vale a pena fazer o investimento necessário.

Nesse sentido, de acordo com Chiavenato (2021, p. 139, grifo do original), o plano de negócios pode ser dividido em alguns capítulos:

> **Sumário executivo**: é uma introdução ao negócio contendo dados pessoais do empreendedor e sócios, experiência profissional, atribuições, bem como informações gerais sobre o empreendimento, missão do negócio, fontes de recursos etc.
>
> **Análise do mercado**: contendo um estudo do público-alvo, isto é, dos clientes e seu comportamento de compra, mercado de fornecedores, concorrentes, para dar uma ideia do posicionamento do negócio.
>
> **Plano de marketing**: com a descrição dos produtos e serviços a serem oferecidos, características, preço, estrutura e maneiras de comercialização e distribuição, estratégias promocionais e localização do negócio.
>
> **Plano operacional**: apresentando o arranjo físico das instalações, processo produtivo, máquinas e equipamentos, pessoal operacional, volume de produção inicial para proporcionar uma ideia da capacidade produtiva.
>
> **Plano financeiro**: estimativa dos investimentos em máquinas e equipamentos, móveis e utensílios, veículos, bem como da

necessidade de capital de giro, fluxo de caixa, prazo médio de vendas e de compras, necessidade média de estoques, estimativa do faturamento mensal da empresa, custo unitário de matéria-prima e de materiais diretos e terceirização, além dos custos de comercialização, de mão de obra, de depreciação. Deve apresentar um demonstrativo de resultados, projeções financeiras, indicadores de viabilidade, ponto de equilíbrio, lucratividade, rentabilidade e prazo de retorno do investimento efetuado.

Avaliação estratégica: contendo uma análise da matriz de oportunidades, ameaças, pontos fortes e fracos do negócio.

A seguir, observe outra sugestão de estrutura de plano de negócios que pode ser aplicada especificamente **para pequenas empresas prestadoras de serviços**:

1. Capa
2. Sumário
3. Sumário executivo
4. O negócio
    4.1. Descrição do negócio
    4.2. Descrição dos serviços
    4.3. Mercado
    4.4. Localização
    4.5. Competidores (concorrência)
    4.6. Equipe gerencial

> **5. Dados financeiros**
> 5.1. Fontes dos recursos financeiros
> 5.2. Investimentos necessários
> 5.3. Balanço patrimonial (projetado para três anos)
> 5.4. Análise do ponto de equilíbrio
> 5.5. Demonstrativo de resultados (projetado para três anos)
> 5.6. Projeção de fluxo de caixa (horizonte de três anos)
> 5.7. Análises de rentabilidade
> **6. Anexos**

Fonte: Dornelas, 2021, p. 106.

Dessa forma, o plano de negócios serve como um projeto para a devida análise de viabilidade do negócio. Exige, assim, o maior número de informações possíveis e pode ser formatado de diferentes maneiras, com o objetivo (sempre) de convencer possíveis investidores (sendo este o caso) a comprar uma ideia.

Figura 2.1 – O plano de negócios

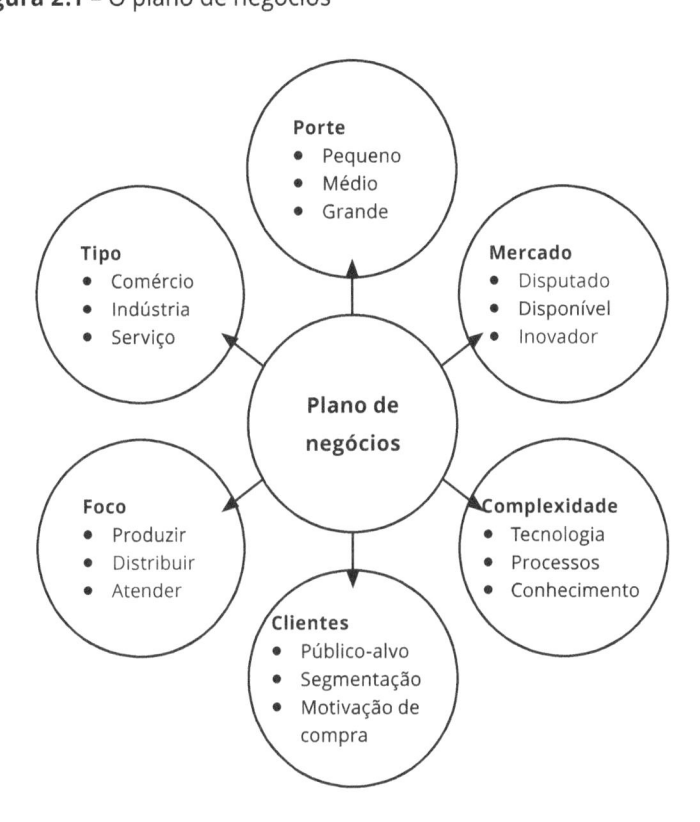

```
                    Porte
                    • Pequeno
                    • Médio
                    • Grande

   Tipo                              Mercado
   • Comércio                        • Disputado
   • Indústria                       • Disponível
   • Serviço                         • Inovador

                  Plano de
                  negócios

   Foco                              Complexidade
   • Produzir                        • Tecnologia
   • Distribuir                      • Processos
   • Atender                         • Conhecimento

                   Clientes
                   • Público-alvo
                   • Segmentação
                   • Motivação de
                     compra
```

Fonte: Schneider; Castelo Branco, 2012, p. 148.

E para quem se deve apresentar um plano de negócios? Pavani, Deutscher e López (1997) respondem a essa pergunta:

- **Mantenedores das incubadoras** (Sebrae, universidades, prefeituras, governo, associações etc.), para lhes outorgar financiamentos.

- **Parceiros**, para definir estratégias e discutir formas de interação entre as partes.
- **Bancos**, com a intenção de outorgar financiamentos para equipamentos, capital de giro, imóveis, expansão da empresa etc.
- **Investidores**, que se referem a empresas de capital de risco, pessoas jurídicas, bancos de investimento, investidores-anjo, Banco Nacional de Desenvolvimento Econômico e Social (BNDES), governo etc.
- **Fornecedores**, cujo objetivo é promover a negociação na compra de mercadorias e de matéria-prima, assim como nas formas de pagamento.
- **A própria empresa (internamente)**, para a comunicação da gerência com o conselho de administração e com os empregados (tanto os efetivos como aqueles ainda em fase de contratação).
- **Clientes**, para fazer a venda do produto e/ou serviço, bem como a publicidade da empresa.
- **Sócios**, a fim de convencê-los a participar do empreendimento e a formalizar a sociedade.

Outra dúvida recorrente em relação ao plano de negócios diz respeito ao tamanho, isto é, à quantidade de páginas que ele deve conter e à estrutura mais adequada a ser elaborada.

Na realidade, não há uma receita pronta. Existem, no entanto, algumas sugestões e referências, bem como recomendações de grandes autores sobre como "acertar" no plano. Contudo, obviamente, haverá aspectos muito específicos e particulares de sua empresa. Então, sempre procure visualizar para quem seu plano de negócios se destina e qual é o momento mais adequado para concretizá-lo.

Nessa perspectiva, de acordo com Dornelas (2021, p. 111), não existe um tamanho ideal para o plano de negócios, mas recomenda-se

> escrevê-lo de acordo com as necessidades do público-alvo. Se o leitor for um gerente de banco ou um investidor, por exemplo, ele dará mais ênfase à parte financeira do plano. Caso o leitor seja uma instituição de fomento ou governamental, enfocará por que se está requisitando a quantidade de recursos solicitada, em quê será aplicada e como a empresa retornará o capital investido. Se for um parceiro, atentará mais para a análise de mercado e oportunidades de grandes lucros. Para um fornecedor, serão mais importantes a saúde financeira da empresa, a carteira de clientes e a taxa de crescimento do negócio. Enfim, é importante ressaltar novamente que a estratégia e a quantidade de páginas do plano de negócios dependerão do público-alvo.

A seguir, apresentaremos alguns tipos e tamanhos de planos de negócios, considerando também o público-alvo, segundo Dornelas (2021, p. 107, grifo do original):

- **Plano de negócios completo**: é utilizado quando se pleiteia uma grande quantia ou quando se necessita apresentar uma visão completa do negócio. Pode variar de 15 a 40 páginas, mais material anexo.

- **Plano de negócios resumido**: é utilizado quando se necessita apresentar algumas informações resumidas a um investidor, por exemplo, com o objetivo de chamar sua atenção para que ele lhe requisite um plano de negócios completo. Deve mostrar os objetivos macros do negócio, investimentos, mercado e retorno sobre o investimento e focar as informações específicas requisitadas. Geralmente, varia de dez a 15 páginas.
- **Plano de negócios operacional**: é muito importante para ser utilizado internamente na empresa pelos diretores, gerentes e funcionários. É excelente para alinhar os esforços internos em direção aos objetivos estratégicos da organização. Seu tamanho pode ser variável e dependerá das necessidades específicas de cada empresa em termos de divulgação junto aos funcionários.

Inúmeras são as possibilidades para a formatação de um bom plano de negócios. O importante é que você as analise e decida por aquela que melhor se encaixe no formato de seu empreendimento, visto que as especificidades de cada negócio também são infinitas. A ideia aqui é apresentar caminhos possíveis para que seu projeto comece a ser desenhado.

Para saber mais

Para saber mais sobre o plano de negócios, indicamos a leitura integral da seguinte obra:

CHIAVENATO, I. **Empreendedorismo**: dando asas ao espírito empreendedor. 5. ed. São Paulo: Atlas, 2021.

2.2
Montagem legal de um negócio

Depois de elaborar o plano de negócios, chega o momento de efetivamente abrir a empresa. Para isso, inúmeras questões precisam ser consideradas, tais como os custos. Você pode estar se perguntando: **Quanto custa a abertura de uma empresa?** A resposta dependerá da região em que você se encontra, pois cada localidade tem as próprias taxas estabelecidas pelos órgãos competentes, os quais estão envolvidos em todo o processo. Conforme Torres (2022b), em "São Paulo, capital, por exemplo, as taxas da Junta Comercial e da Prefeitura somam cerca de R$ 400,00, para a maioria das empresas, enquanto no Rio de Janeiro para registrar a mesma empresa, você pode gastar até R$ 1.500,00".

Estamos falando então do investimento inicial para abrir uma empresa, o que envolve infraestrutura e marketing, além de despesas com a documentação inicial, entre outras. É importante considerar tais valores para não ter surpresas com impostos e taxas mensais, por exemplo. Ou seja, trata-se de compreender tudo o que abrange legalmente o negócio, a fim de se preparar para o futuro. Obviamente, mais adiante, você verá que tais considerações, como já mencionado, vão depender do tipo de empresa que se deseja abrir, uma vez que cada um demanda uma espécie de recolhimento, engloba diferentes órgãos de arrecadação e tem percentuais distintos de taxas. Tendo em vista o exposto, é fundamental recorrer a um profissional que certamente será um grande parceiro nessa empreitada: o contador, que o ajudará a fazer toda essa formalização.

Atualmente, existe a opção de atuar com empresas virtuais sem a necessidade de uma estrutura física, por exemplo. Esse cenário ajuda a reduzir despesas como aluguel, equipamentos, fachada etc. Nessa ótica, Torres (2022d) informa: "A média de abertura de uma empresa é de R$ R$ 1.518,16. Porém, é preciso que você considere que diversos pontos influenciam nesse valor". Ou seja, o investimento inicial dependerá do porte, do segmento e do que exatamente será oferecido aos consumidores.

Vamos retomar brevemente a história fictícia de Valdete, que contamos no Capítulo 1. Ela e sua sócia atendiam os clientes da agência de promoções e eventos nas próprias sedes deles, isto é, elas se dirigiam até eles. Por isso, inicialmente, elas não contavam com uma sede física da agência – algo que antes era visto pelo mercado como "ruim". Hoje em dia, não é mais assim.

Você pode optar por ter um espaço físico para receber seu cliente ou, até mesmo, iniciar seu empreendimento em uma sala de seu apartamento. Considerando esse cenário, observe no Quadro 2.2, a seguir, um exemplo de investimento básico em infraestrutura inicial, pensando na prestação de serviços em comunicação.

Quadro 2.2 – Investimento básico inicial

Item	Quantidade	Valor unitário	Valor total
Computadores	3	R$ 2.500	R$ 7.500
Mesas	3	R$ 500	R$ 1.500
Cadeiras	6	R$ 200	R$ 1.200
Total			R$ 10.200

Trata-se uma tabela básica, a qual pode ser adaptada para incluir tudo o que, especificamente para o seu negócio, for necessário quanto à infraestrutura, pois ela se refere ao investimento fixo: a infraestrutura inicial para que a empresa funcione.

Podemos entender melhor o **investimento inicial** de uma empresa da seguinte forma: ele é composto por **investimento fixo**, **investimento pré-operacional** e **capital de giro**, como indicado no Quadro 2.3.

Quadro 2.3 – Itens do investimento inicial

Investimento fixo	Diz respeito aos itens básicos para o início das atividades.	Exemplos: móveis, equipamentos, decoração e outros.
Investimento pré-operacional	Refere-se ao custo das ações para que a empresa comece, de fato, a funcionar.	Exemplos: treinamento de colaboradores, marketing (marca, *site*, primeiros materiais de comunicação), registro de marca, legalização da empresa.

(continua)

(Quadro 2.3 – conclusão)

Capital de giro	Trata-se do valor aproximado (mensal) para que a empresa exerça suas atividades – despesas fixas e variáveis.	Exemplos: salário dos colaboradores, internet, água, luz, fornecedores, impostos, aluguel.

No Quadro 2.4, a seguir, apresentamos mais informações acerca do capital de giro.

Quadro 2.4 – Capital de giro

Despesa mensal	Valor
Aluguel	R$ 2.000
Salário dos colaboradores	R$ 10.000
Água	R$ 100
Luz	R$ 300
Internet	R$ 200
Total	**R$ 12.600**

Além dessas despesas, é importante reservar um valor adicional como verba extra a ser utilizada caso ocorra alguma eventualidade ou situação emergencial não esperada. O recomendado é separar ao menos 5% sobre o valor final do capital de giro. Tenha em mente que levará certo tempo para sua empresa obter lucros.

Avalie o exemplo demonstrado no Quadro 2.4: se sua empresa necessita de R$ 12.600 para funcionar mensalmente, então é preciso estabelecer um adicional de R$ 630 como fundo de reserva. Assim, o valor final do capital de giro por mês será de R$ 13.230.

Agora que você já obteve mais informações com base nos exemplos apresentados e já tem uma boa ideia do quanto terá de desembolsar para legalizar sua empresa (conforme a região de atuação e demais fatores envolvidos) – lembrando-se de contemplar outras despesas iniciais, para não ser surpreendido ao longo do processo –, vamos apresentar os documentos necessários para que isso aconteça.

2.3
Questões legais e contábeis

Diante de tudo o que expusemos anteriormente, é possível que, neste momento, você esteja pensando que deveria ter se graduado em Administração, Contabilidade ou em algum curso da mesma área. Mas fique tranquilo. Existem muitos profissionais para nos ajudar.

Por exemplo, ao consultar um contador, você descobrirá que o primeiro passo para abrir sua empresa será fazer o registro do contrato social (abertura) na Junta Comercial ou no cartório da região em que você se encontra. Na sequência, terá de fazer o pagamento da taxa para obter o alvará de funcionamento na Prefeitura da cidade.

Conforme comentamos anteriormente, você precisará ter a definição exata do ramo de atividade. Verifique, também, a indicação fiscal no carnê do Imposto Predial Territorial Urbano (IPTU) do imóvel que será a sede da empresa e consulte, na Junta Comercial de seu estado, se seu negócio está apto a funcionar no local em que deseja atuar.

De acordo com o contador Leopoldo Witt (2022), em entrevista concedida exclusivamente para a produção desta obra,

> Essa taxa da Junta e da Prefeitura é para todo tipo de empresa e para registrar o contrato social, seja na abertura, alteração ou baixa da empresa, para registrar o contrato você precisa pagar. O tipo de empresa é independente, se é micro, se é pequena, se é média. Só vai mudar o tipo de ramo de atividade. Claro que o procedimento é diferente para uma S.A., é diferente para uma LTDA, é diferente para uma empresa individual. Mas a primeira questão a que o empreendedor deve ficar atento é o ramo de atividade. Verificar a indicação fiscal e ver se a Junta Comercial e a Prefeitura autorizam a abertura da empresa para aquele ramo, naquele local. Porque, dependendo do local, se você for prestar atendimento ao público, a Prefeitura não autoriza. Se você não for prestar atendimento, pode ser que autorize. Então, tem todos esses detalhes.

Não tenha receio quanto às questões legais e contábeis. Essa etapa é extremamente necessária para a abertura de uma empresa e, com o acompanhamento do profissional da área contábil, tudo ficará em ordem. Alguns documentos poderão levar mais tempo para serem emitidos, enquanto outros levarão um pouco menos. Mas, em um futuro muito próximo, você será, de fato, um empreendedor, com uma nova empresa, devidamente constituída no mercado.

∴ 2.3.1 O que é a Junta Comercial

A Junta Comercial é a autarquia responsável pelo registro e cadastramento de empresas. Cada estado tem a própria junta. Trata-se da porta de entrada para a legalização de empresas, integrando os sistemas de diversos órgãos de registro, como Receita Federal, Receita Estadual e prefeituras. Além disso, engloba instituições responsáveis por licenciamentos, como o Corpo de Bombeiros e a Secretaria de Saúde e Meio Ambiente – o que torna a prestação de serviços mais facilitada.

Entre os serviços prestados pela Junta Comercial estão a inscrição, a alteração e a extinção de empresas, bem como a análise de viabilidade. Muitos deles podem ser realizados virtualmente (para alguns, essa modalidade é exclusiva). Os valores cobrados para a realização de cada serviço podem variar conforme o período de abertura da empresa e/ou o estado em que você se encontra. De acordo com a Junta Comercial do Paraná (Jucepar, 2022a), os documentos necessários para fazer o registro de uma empresa são os seguintes:

> 1 - Se for firma empresária é necessário: três vias do requerimento do empresário, capa requerimento da Junta Comercial, 1 jogo de GRP, 1 jogo de DARF, fotocópia do RG e CPF autenticados do titular.
> 2 - Se for Sociedade Empresária LTDA é necessário: 3 vias do instrumento de contrato social, capa requerimento da Junta Comercial, 1 jogo de GRP, 1 jogo de DARF, fotocópia de RG e CPF autenticados dos sócios.

OBS: Aconselha-se a fazer busca prévia do nome empresarial. No caso do Empresário Individual, fazer busca de nome para verificar a existência de homônimo. Se houver colidência de nome, acrescer elemento diferenciador no nome empresarial – Art.1163 NCC.

Ainda segundo a Jucepar (2022a), acerca da busca de nome empresarial, cabe observar:

Desde 01/04/2013, a Busca de Nome Empresarial é obrigatória para os casos de: constituição de empresas, alterações de nome empresarial de empresas já constituídas, transferência de cartório para Jucepar, transferência de sede de outro Estado para o Paraná e abertura da 1ª filial no Paraná de empresa com sede em outro Estado. Deverá ser realizada no item "Viabilidade de Nome", constante da página inicial do site da Jucepar, onde poderão ser obtidas todas as informações necessárias.

No Quadro 2.5, a seguir, apresentamos os endereços eletrônicos de algumas juntas comerciais de alguns estados do Brasil, para que você possa consultá-las e, assim, saber mais a respeito dos documentos necessários para a legalização de sua empresa, bem como dos valores das taxas e prazos necessários para a abertura, de acordo com a sua região.

Quadro 2.5 – Juntas comerciais

Paraná	Junta Comercial do Estado do Paraná (Jucepar)	https://www.juntacomercial.pr.gov.br/
Rio de Janeiro	Junta Comercial do Estado do Rio de Janeiro (Jucerja)	https://www.jucerja.rj.gov.br/
São Paulo	Junta Comercial do Estado de São Paulo (Jucesp)	http://www.institucional.jucesp.sp.gov.br/
Bahia	Junta Comercial do Estado da Bahia (Juceb)	http://www.juceb.ba.gov.br/
Pernambuco	Junta Comercial do Estado de Pernambuco (Jucepe)	https://portal.jucepe.pe.gov.br/

Ao consultar a página da Junta Comercial de seu estado, será possível saber mais especificamente sobre os documentos exigidos, encontrar formulários e, ainda, consultar valores e taxas atuais dos serviços oferecidos, o que certamente ajudará também com a previsão de custos que serão necessários para a abertura e a formalização da empresa. Algumas apresentam modelos de documentos que poderão servir como referência para você, na composição de sua empresa.

2.3.2 Roteiro para abrir uma empresa

Agora já podemos elencar uma espécie de passo a passo para a abertura de um negócio. Novamente, algumas questões podem variar conforme a empresa, o estado, as análises e as instruções referentes ao contador etc. Talvez você não se envolva tão profundamente com essas questões legais e contábeis, como é o caso de alguns empreendedores. Nesse caso, pode deixá-las completamente nas mãos de seu contador, contanto que se sinta confiante para isso. Mas este simples "roteiro" lhe proporcionará o devido suporte para que você entenda o processo. Ainda, caso opte por realmente se envolver e tomar as rédeas de todo o negócio, você saberá por onde seguir inicialmente.

Vamos, então, retomar alguns pontos por meio do roteiro apresentado a seguir:

I. elaborar o plano de negócios;
II. escolher e contratar um profissional da área de ciências contábeis – contador;
III. definir o tipo de empresa (Microempreendedor – ME, Microempreendedor Individual – MEI etc.);
IV. estabelecer a natureza jurídica;
V. escolher as atividades que serão exercidas (Classificação Nacional de Atividades Econômicas – CNAE);
VI. conhecer em que consiste o regime tributário;
VII. elaborar o contrato social;
VIII. organizar os documentos para o devido registro na Junta Comercial do estado;
IX. obter o alvará de funcionamento;
X. fazer a inscrição estadual ou municipal.

2.3.3 Natureza jurídica

A natureza jurídica corresponde à forma como a empresa será constituída, ou seja, refere-se à escolha dos sócios e à participação de cada um no negócio. Tais informações farão parte da composição do contrato social. De acordo com Torres (2022b, 2022d), as formas mais usuais aplicadas pelas empresas são as seguintes:

- **EI (Empresário Individual)**: nessa opção, você é o titular da empresa e não é possível ter sócios. Não há necessidade de ter um capital social mínimo, mas é ideal investir o necessário para que a empresa possa iniciar suas atividades. Profissionais como médicos, advogados e dentistas, por exemplo, não podem constituir suas empresas nessa categoria, conforme a legislação vigente.
- **Eireli (Empresa Individual de Responsabilidade Limitada)**: nessa opção, você também é o único sócio. O capital social mínimo é de 100 salários mínimos vigentes em bens ou em dinheiro.
- **SLU (Sociedade Limitada Unipessoal)**: lançada em junho de 2019, a SLU é a opção mais escolhida por aqueles que desejam abrir uma empresa sem sócios e querem a proteção de seus bens pessoais. Tal modalidade reúne o melhor de cada uma das outras naturezas jurídicas: não há necessidade de capital social mínimo, tampouco o risco para o patrimônio particular dos sócios, e as profissões regulamentadas podem realizar suas aberturas nesse formato.

- **LTDA (Sociedade Empresária Limitada)**: é formada por dois ou mais sócios que contribuem com moeda ou bens avaliáveis em dinheiro para a formação do capital social. A responsabilidade dos sócios é restrita ao valor do capital social, sem a exigência de valor mínimo.

∴ 2.3.4 Contrato social

O contrato social, também nomeado como *ato constitutivo*, é o registro de nascimento de uma empresa – como se, de fato, fosse uma certidão de nascimento. Trata-se de uma espécie de registro geral da pessoa jurídica (empresa) que está sendo criada. Ele vai delimitar como ocorrerá o funcionamento do negócio e qual será a relação com os sócios (caso haja), conforme a natureza jurídica e/ou o tipo de empresa selecionada. Esse documento também é importante para a abertura da conta bancária da empresa.

Vamos supor que você seja um publicitário ou jornalista, um profissional da área de comunicação que resolveu atuar com a prestação de serviços, especificamente com o oferecimento de cursos e treinamentos. Você optou por não ter sócios. Então, sua natureza jurídica será EI. Como, para essa modalidade, não há exigência de capital social mínimo, você pode optar por um capital de R$ 1.000,00, por exemplo. A classificação de atividade econômica (CNAE) selecionada por você também poderá ser incluída no contrato.

Observe, a seguir, uma sugestão de modelo de ato constitutivo retirado da página virtual da Jucepar.

SUGESTÃO

INSTRUMENTO DE INSCRIÇÃO DE EMPRESÁRIO INDIVIDUAL

CELIO CEZARIO XAVIER – BEBIDAS

CELIO CEZARIO XAVIER, Brasileiro, casado com comunhão parcial de bens, natural da cidade de Curitiba–PR, nascido em 00/00/0000, RG nº 0.000.000-00 SESP-PR e CPF nº 000.000.000-00, residente e domiciliado na Rua tal, nº tal, Bairro Centro, Curitiba – PR., CEP 00.000-000.

Resolve constituir-se como Empresário Individual, mediante as seguintes cláusulas:

Cláusula Primeira – DO NOME EMPRESARIAL – O Empresário Individual adotará como nome empresarial a seguinte firma

CELIO CEZARIO XAVIER – BEBIDAS

Cláusula Segunda – DO CAPITAL – O capital é de **R$ 10.000,00 (Dez Mil Reais)** totalmente subscrito e integralizado, neste ato, em moeda corrente do País. (Se for bens, deve descrever o bem a ser integralizado)

(Opcional) Cláusula Terceira – Nome Fantasia

Cláusula Quarta – DA SEDE – O Empresário Individual terá sua sede no seguinte endereço: Rua tal, nº tal, Bairro Centro, Curitiba-PR., CEP 00.000-000.

Cláusula Quinta – DO OBJETO – O Empresário Individual terá por objeto o exercício das seguintes atividades econômicas: **Comércio Varejista de Bebidas.**

Cláusula Sexta – DA DECLARAÇÃO DE DESIMPEDIMENTO – O empresário declara, sob as penas da lei, inclusive que são verídicas todas as informações prestadas neste instrumento e quanto ao disposto no artigo 299 do Código Penal, não estar impedido de exercer atividade empresária e não possuir outro registro como Empresário Individual no País.

(Opcional) – Cláusula Sétima – DAS FILIAIS (ART. 969CC) – Poderá abrir ou fechar filial, ou qualquer dependência, mediante alteração deste ato constitutivo, na forma da lei, devidamente assinado pelo Empresário Individual.

Cláusula Oitava – DO INÍCIO DAS ATIVIDADES E PRAZO DE DURAÇÃO

A empresa iniciará suas atividades em 14/10/2019 e seu prazo de duração será por tempo indeterminado.

[...]

Cláusula Nona (ou apartada) – DO ENQUADRAMENTO – O empresário declara que a atividade se enquadra em Microempresa – ME ou Empresa de Pequeno Porte–EPP, nos termos da Lei Complementar nº 123, de 14 de dezembro de 2006, e que não se enquadra em qualquer das hipóteses de exclusão relacionadas no § 4º do art. 3º da mencionada lei. (Art. 3º, I, LC 123/2006)

(Opcional) – Cláusula Décima – DO FORO: Fica eleito o foro de Curitiba-PR para o exercício e o cumprimento dos direitos e obrigações resultantes deste Instrumento de Inscrição.

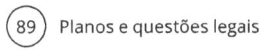

> E, por estar assim constituído, assino o presente instrumento.
>
> Curitiba, de de 2019
>
> **CELIO CEZARIO XAVIER**

Fonte: Jucepar, 2022b, grifo do original.

O modelo apresentado se refere a um ato constitutivo, mas há diversos modelos diferentes nas páginas oficiais das juntas comerciais espalhadas pelo Brasil. Cada contrato social dependerá de uma série de fatores específicos referentes ao formato selecionado para a atuação da empresa. Vale ressaltar que, nesta obra, nosso objetivo é apontar os caminhos que você pode seguir. O importante é que agora você já sabe a importância desse documento tanto para a formalização de um novo negócio como para a promoção das alterações contratuais necessárias em um negócio já existente, no caso.

2.3.5 Cadastro Nacional da Pessoa Jurídica (CNPJ)

O Cadastro Nacional da Pessoa Jurídica (CNPJ) constitui um banco de dados gerenciado e administrado pela Receita Federal o qual "armazena as informações cadastrais das entidades de interesse das administrações tributárias da União, dos Estados, do Distrito Federal e dos Municípios" (Brasil, 2022d). Com o CNPJ cadastrado, podemos dizer que a empresa está legalizada.

Trata-se de um documento essencial para a emissão de notas fiscais, por exemplo. Algumas informações importantes relativas ao CNPJ são apresentadas por Gularte (2022):

O Cadastro mantido pela Receita Federal vai lhe entregar 14 dígitos para serem sua identificação empresarial. O modelo do número segue este padrão: XX.XXX.XXX/0001-XX.

O número do CNPJ pode ser dividido em blocos: a inscrição, que são os primeiros 8 dígitos, a parte que representa se é matriz ou filial (0001 – matriz, ou 0002 – filial), e finalmente dois dígitos verificadores.

Algumas perguntas costumam ser muito frequentes quando nos deparamos com essas informações. Gularte (2022, grifo do original) expõe algumas delas:

Em qual documento fica o CNPJ?

O CNPJ pode ser consultado no Comprovante de Inscrição feito junto à Receita Federal. É um número composto por 14 dígitos.

Quem tem CNPJ pode usar o CPF?

O número do CNPJ e o número do CPF são utilizados para situações bem distintas, então você continuará utilizando ambos quando abrir a empresa. O número do CNPJ (Cadastro Nacional de Pessoas Jurídicas) é utilizado para representar a empresa e o número do CPF (Cadastro de Pessoas Físicas) é utilizado para representar você mesmo.

Qual a diferença entre os certificados digitais e-CPF e CNPJ?

Novamente, a diferença está em um dos documentos se referir a pessoa jurídica e outro a pessoa física. O aplicativo "CPF Digital" disponibiliza a versão digital do cartão de CPF, fornecido pela Receita Federal, enquanto o CNPJ indica o número do cadastro da empresa, e demais dados básicos sobre o negócio.

Como saber se o CPF está vinculado a um CNPJ?

Conforme divulgado pela Receita Federal, é possível saber se o CPF de alguém está vinculado a uma empresa no atendimento presencial. A informação não é divulgada por e-mail ou através do site.

Como descobrir o CNPJ de uma empresa pelo nome?

É possível fazer uma consulta através do Portal Redesim, onde informa-se o nome da empresa, o Estado e a situação cadastral, e no resultado está disponível o número do CNPJ. Lembre-se que se trata do nome da empresa e não do nome fantasia.

A seguir, na Figura 2.2, observe um modelo de CNPJ.

Figura 2.2 – Modelo de CNPJ

REPÚBLICA FEDERATIVA DO BRASIL			
CADASTRO NACIONAL DA PESSOA JURÍDICA			
NÚMERO DE INSCRIÇÃO	COMPROVANTE DE INSCRIÇÃO E DE SITUAÇÃO CADASTRAL	DATA DE ABERTURA	
NOME EMPRESARIAL			
TÍTULO DO ESTABELECIMENTO (NOME DE FANTASIA)		PORTE	
CÓDIGO E DESCRIÇÃO DA ATIVIDADE ECONÔMICA PRINCIPAL			
CÓDIGO E DESCRIÇÃO DAS ATIVIDADES ECONÔMICAS SECUNDÁRIAS			
CÓDIGO E DESCRIÇÃO DA NATUREZA JURÍDICA			
LOGRADOURO	NÚMERO	COMPLEMENTO	
CEP	BAIRRO/DISTRITO	MUNICÍPIO	UF
ENDEREÇO ELETRÔNICO		TELEFONE	
ENTE FEDERATIVO RESPONSÁVEL (EFR)			
SITUAÇÃO CADASTRAL		DATA DA SITUAÇÃO CADASTRAL	
MOTIVO DE SITUAÇÃO CADASTRAL			
SITUAÇÃO ESPECIAL		DATA DA SITUAÇÃO ESPECIAL	

Fonte: Gularte, 2022.

É possível obter algumas vantagens por meio do CNPJ, como contratar empréstimos e linhas de créditos empresariais com taxas de juros menores; registrar colaboradores, ou seja, garantir emprego com carteira assinada para seus funcionários; fornecer diferentes formas de pagamento para seus clientes; e passar maior credibilidade ao mercado, apresentando-se como uma empresa formal, isto é, que tem um CNPJ e emite notas fiscais. Sem esse cadastro, a empresa ficará com algumas restrições. Por essa razão, é importante ter um negócio devidamente formalizado e usufruir das alternativas oriundas da formalização.

∴ 2.3.6 Alvará

O alvará é o documento emitido pela prefeitura da cidade em que você vai abrir a empresa. Por meio dele, a empresa se torna apta a funcionar. Podemos dizer que o alvará representa um dos requisitos finais para a legalização do negócio. Depois de obtê-lo, a organização já pode começar a oferecer seus produtos/serviços.

Para a emissão desse documento, é necessário fazer o pagamento de uma taxa de emissão, a qual varia conforme a cidade. É preciso verificar o valor na Prefeitura. Além disso, lembre-se de que, de tempos em tempos, o alvará tem de ser atualizado. Ainda, caso ocorra alguma alteração na empresa, tal reemissão atualizada também deverá ser providenciada.

Síntese

Neste capítulo, vimos em que consiste um plano de negócios, o qual é fundamental para o início de uma empresa. Explicamos que esse documento deve conter todas as informações relevantes para a constituição empresarial e que, no momento de preenchê-lo, é possível visualizar com maior clareza as ideias iniciais e confirmar se o que havia sido pensado para o negócio realmente faz sentido. Além disso, um bom plano de negócios certamente ajudará o empreendedor a atrair possíveis investidores e parceiros, assim como a ter mais segurança ao expor seu negócio a clientes e possíveis sócios.

Portanto, a fim de que tal documento represente fidedignamente suas intenções, não hesite em escrever, apagar, reescrever, pesquisar, consultar etc., até ter certeza absoluta de tudo o que você pretende para seu negócio. Reflita sobre o que você vivenciou até este momento, o que o levou a querer trabalhar na área de comunicação, por que optou por um ramo de atividade nessa área e quais competências e habilidades o impulsionaram especificamente para a atividade em que escolheu empreender. Feito isso, seu sonho começa a se tornar realidade: do papel para o mercado.

Questões para revisão

1. Explique em que consiste um plano de negócios.

2. De acordo com o roteiro apresentado neste livro, quais capítulos podem compor o plano de negócios? Cite-os.

3. Considere as alternativas a seguir e assinale aquela que **não** corresponde à composição de um plano de negócios:
   a) Sumário executivo.
   b) Análise do mercado.
   c) Plano de fundo.
   d) Plano de marketing.

e) Plano financeiro.

4. Existem alguns documentos muito importantes para a constituição de uma empresa, sendo um deles o contrato social. Marque a alternativa que explica em que consiste esse documento:
   a) Trata-se do Cadastro Nacional da Pessoa Jurídica.
   b) É o documento que autoriza o funcionamento da empresa.
   c) Refere-se ao contrato que a empresa firma com seus fornecedores e clientes.
   d) Também chamado de *ato constitutivo*, é considerado como a certidão de nascimento da organização, sendo responsável por estabelecer como ocorrerá o funcionamento da empresa.
   e) É composto por sumário executivo, plano operacional e plano de marketing.

5. Com base no que foi estudado neste capítulo, assinale a afirmativa que se refere corretamente à Junta Comercial:
   a) Autarquia responsável pelo registro e cadastramento de empresas. Cada estado tem a sua. Trata-se da porta de entrada para a legalização de empresas, integrando os sistemas de diversos órgãos de registro e licenciamento.
   b) Órgão responsável pela autorização para que a empresa possa atender no local escolhido.
   c) Diz respeito a um conjunto de informações e à coleta de dados necessários para o desenvolvimento de um trabalho.
   d) Refere-se aos princípios nos quais a organização acredita, ou seja, constitui a base de sustentação do negócio.

e) Basicamente, a Junta Comercial diz respeito à área de atuação da empresa e ao ramo no qual a organização vai se inserir no mercado.

Questões para reflexão

1. Neste momento, é importante que você já procure elaborar um esboço de seu plano de negócios. Portanto, reflita sobre as informações que devem constar nesse documento e, se possível, arrisque-se a colocá-las no papel.

2. Em sua opinião, considerando o que estudamos neste segundo capítulo, a elaboração de um plano de negócios por si só é capaz de garantir o sucesso de uma empresa?

Capítulo
03

Da criatividade à difícil arte de delegar

Conteúdos do capítulo:

- O que é criatividade e quais são as etapas do processo criativo.
- No que consiste a administração de um negócio.
- O que é delegar.

Após o estudo deste capítulo, você será capaz de:

1. compreender conceitos relacionados à criatividade e fazer uso deles;
2. administrar o próprio negócio;
3. delegar responsabilidades.

3.1 Criatividade e gestão

Você compreende a criatividade como um dom ou como uma competência a ser desenvolvida? Faz uso da "criatividade aplicada" em sua vida pessoal e/ou profissional? Além disso, você é daquelas pessoas que costumam ficar nervosas quando uma ideia não surge ou quando demora para vir a sua mente? Não sabe o que fazer para ser uma pessoa mais "descolada" e criativa? Neste capítulo, veremos como é possível lidar com todas essas questões de modo benéfico.

Assim como a comunicação em geral, a criatividade também está "na crista da onda". É ela que faz com que algo viralize nas redes sociais, por exemplo. Um comentário, um vídeo ou uma publicação certamente se tornarão virais se forem conteúdos identificados pelos consumidores como criativos, surpreendentes. A criatividade geralmente é responsável por fazer uma marca ser lembrada pelos clientes, seja pela inovação, seja até mesmo pela ousadia.

"Fazer diferente" é o que dita o sucesso no momento. Trata-se de uma competência essencial para o mercado, principalmente da comunicação. Todos querem contar com aquele colaborador que pensa "fora da caixa". Nessa ótica, para ser um profissional criativo, é preciso ter a mente aberta, estar atento e sempre de olho nas novas oportunidades e tendências.

Mas o que é criatividade? De acordo com Zogbi (2014, p. 14),

> Outros significados são mesmo impertinentes e, como sugere o termo, nos incomodam, deixam-nos desconfortáveis, como "uma viagem com falta de contato com a realidade", "coisas descomprometidas, até irresponsáveis", "elucubrações de gente maluca", "fuga (intencional ou não) da realidade", "perda de tempo com coisas que não servem para nada", e assim vai a lista.

A palavra *criatividade* vem do latim *creatus*, que significa "criar", do verbo infinitivo *creare*.

Conforme o Dicionário Houaiss, o termo *criatividade* pode ser entendido como "**1** qualidade ou característica de quem [...] é criativo; **2** inventividade; inteligência e talento, natos ou adquiridos, para criar, inventar, inovar [...]" (Criatividade, 2009). Já o Dicionário Aurélio (Ferreira, 2010, p. 610) define *criatividade* como "capacidade criadora, engenho, inventividade; capacidade que tem um falante nativo de criar e compreender um número ilimitado de sentenças em sua língua".

Ainda sobre a definição de *criatividade*, Predebon (2013, p. 8) entende que "é impossível existir um enunciado que contemple todos os aspectos e satisfaça todas as pessoas [...] cada pessoa pode formular sua própria definição [...]".

Engana-se quem pensa que a criatividade surge do nada, que este ou aquele profissional é um criativo nato e não precisou desenvolvê-la em sua mente ao longo de sua vida. A criatividade deve ser constantemente estimulada. Ou seja, nós temos de consumir as mais diversas manifestações da criatividade, como arte, cinema, teatro, literatura e música, para que nosso cérebro se encontre preparado para ter ideias, pois precisamos de referenciais para criar algo – é o que chamamos de *repertório cultural*.

Entretanto, é importante saber que, obviamente, a criatividade vai além do campo das artes. É aplicada também nas organizações, o que consiste basicamente na solução de problemas e na observação de novas oportunidades. Daí a relação com a gestão de negócios em geral e, especificamente, voltados para a área de comunicação.

As ideias não apenas nascem, mas passam por processos, até que possamos realmente afirmar que tivemos uma ideia. Tendemos a acreditar que nossas ideias são sempre as melhores, as mais brilhantes e que não há nada de errado com elas, não é mesmo?

∴ 3.1.1 Fases do processo criativo

Segundo Wallas (1926), o processo criativo se desenvolve ao longo de algumas fases ou etapas, as quais serão descritas a seguir.

I. Preparação

Na primeira fase, temos o problema propriamente dito, ou seja, uma demanda que exige uma solução criativa. É o momento de preparar o cérebro para criar. Em agências de marketing e propaganda, é a etapa na qual as equipes devem compreender o que pede o *job* ou *briefing*. Então, é preciso realizar o levantamento das informações necessárias para que a criatividade flua nas próximas etapas.

Acerca dessa fase do processo criativo, Pires (2020, grifo do original) comenta o seguinte:

> Na preparação, de maneira consciente e condutiva, **o criativo prepara o cérebro com as principais informações sobre o desafio a ser superado**. Para facilitar a compreensão, é possível considerar essa etapa como uma de estudo e pesquisa sobre tudo relacionado ao produto, ao conceito da campanha (se houver), à empresa, ao segmento e a tudo que tenha impacto direto na preparação de boas ideias.

II. Incubação

Nessa fase, nosso subconsciente busca encontrar ligações, conexões, soluções. Muitas vezes, elas não surgem de imediato. Portanto, é preciso afastar-se um pouco do problema central. Isso significa desligar-se um pouco da questão, "deixar pra lá" o que estamos fazendo e respirar fundo. É como se tivéssemos de nos distanciar para que, mais adiante, a solução possa surgir.

No mundo corporativo, especificamente na área de comunicação, de fato somos pressionados a apresentar soluções imediatas e sensacionais. Se você resolveu empreender, essa realidade será rotineira em sua vida. Assim, diante de um problema que demanda uma resposta criativa, será comum solicitar ao fornecedor, parceiro ou colaborador que aguarde, até que você consiga encontrar uma saída. Nas palavras de Wallas (1926, p. 84, tradução nossa): "Frequentemente nós atingimos melhores resultados iniciando diversas tarefas em sucessão, voluntariamente deixando-as inacabadas enquanto nos dirigimos às outras, do que tentando terminar um trabalho inteiro de cada vez, a cada momento que nos debruçamos sobre ele".

III. Iluminação

Já na terceira fase ocorre o que chamamos de *insight*. Trata-se do momento em que, de fato, surge uma ideia, e a mente é iluminada por novas possibilidades. É quando tudo começa a fazer sentido: "Nesse período, o inconsciente anuncia de súbito os resultados" (Tavares; Plaza, 1998, p. 30). A partir desse instante, torna-se possível identificar algumas hipóteses, o que basicamente consiste na elaboração de um plano B. Isto é: **Tive uma ideia, mas se ela não der certo ou não for suficiente para o que preciso, o que farei a seguir?**

Perguntas & respostas

O que significa *insight*?
Significa "clareza súbita na mente, no intelecto de um indivíduo; iluminação, estalo, luz [...] compreensão ou solução de um problema pela súbita captação mental dos elementos e relações adequados" (Insight, 2009).

IV. Verificação

A quarta e última fase, chamada de *implementação* ou *verificação*, diz respeito ao momento de avaliar se a ideia tida realmente poderá ser aplicada na prática. Podemos dizer que se trata de um período de testes, ou seja, de verificar se o que você pensou realmente solucionará o problema. De acordo com Tavares e Plaza (1998, p. 34), essa etapa consiste em "um processo de revisão em que a solução do problema é conscientemente elaborada, sendo passível de alteração e correção".

Diante do exposto, podemos concluir que a criatividade, quando relacionada à gestão, é extremamente importante e necessária para a resolução de problemas, para a tomada de decisões e para a criação de novas oportunidades de negócio, especialmente quando estas são estrategicamente pensadas e estruturadas. Muitos aspectos referentes ao oferecimento de produtos e serviços podem ser sanados com muita criatividade. Certamente, você já ouvir falar no "jeitinho brasileiro" de empreender com base da necessidade, mas com muita criatividade. Alguns creem que o brasileiro é um empreendedor nato, um visionário, alguém que vive à frente de seu tempo. Obviamente, esse empreendedorismo aflora muito mais das necessidades do que das oportunidades. Com base nisso, entendemos que, de fato, a criatividade resolve problemas.

Não é possível imaginarmos um prestador de serviços que atua na área de comunicação ou um produtor de conteúdo para mídias sociais que não faça uso da criatividade. Tampouco podemos admitir que um publicitário não exercite diariamente seu processo criativo. No entanto, essa criatividade, que antes era brilhantemente focada em entregar valor aos clientes sempre mediante as melhores ideias, passa a ser aplicada também na gestão do próprio negócio, na solução de problemas existentes na atividade empreendedora.

Nesse contexto, cabe questionar: Como atrair e reter um cliente? De que modo encantar esse consumidor? O que fazer para que a empresa seja vista no mercado como uma boa organização? As respostas a essas e outras questões podem ser obtidas com o uso da criatividade. Na sequência deste capítulo, trataremos de habilidades e competências correlacionadas.

Estudo de caso

Criatividade aplicada na Colgate

No livro *Criatividade: abrindo o lado inovador da mente*, José Predebon (2013, p. 11-12) apresenta alguns exemplos de criatividade aplicada nas organizações. Acompanhe um desses exemplos:

> os fabricantes de creme dental Colgate haviam recebido uma máquina automática que processava todos os insumos e soltava o produto pronto, tampado, embalado, em uma sequência veloz, que seria maravilhosa se não houvesse um pequeno e renitente defeito oculto: de vez em quando saía um tubo prontinho, mas cheio só de ar. Após um sem-número de tentativas infrutíferas de conserto, a solução veio de um palpite dado quase casualmente por um dos trabalhadores que assistiam aos esforços dos técnicos: Por que vocês não colocam aí na saída um ventilador que sopre para fora os tubos vazios? [...]

> O caso do ventilador é uma típica solução de problema [...]. Vemos aí campos de aplicação da criatividade que são estimulantes e que se estendem aos mais diversos setores de atividade, independente de propósitos específicos de expressão ou comunicação – não precisamos ser artistas para nos beneficiarmos de uma *performance* criativa.
>
> Considerando o exemplo trazido por Predebon (2013), pense em um momento de sua vida profissional no qual você tenha feito uso da criatividade aplicada. Você consegue perceber com clareza como a criatividade pode auxiliá-lo na gestão de seus negócios, isto é, se é realmente possível solucionar problemas utilizando a criatividade?
>
> Lembre-se sempre de que "o exercício do potencial de criatividade liga-se à psicologia do indivíduo, como o comportamento se liga à personalidade" (Predebon, 2013, p. 12).

Para saber mais

Para saber mais sobre criatividade aplicada, leia:

PREDEBON, J. **Criatividade**: abrindo o lado inovador da mente. 8. ed. São Paulo: Pearson Education do Brasil, 2013.

3.2
Administração de um negócio

No início deste livro, comentamos que nós, publicitários, jornalistas, marqueteiros, gestores de mídias sociais e afins, tendemos a obter mais sucesso no que diz respeito a conteúdos e temas relacionados às mais diversas possibilidades que compõem a área de comunicação. Na direção contrária, em geral, a área de exatas nos parece mais complexa. Aliás, para nós, algumas questões tidas como burocráticas demais podem ser um tanto quanto incompreensíveis. Tanto é assim que, sem dúvida alguma, muitos de nós optaram por uma carreira na área de comunicação justamente por essa razão.

Ao longo da graduação, entramos em contato com algumas disciplinas como Administração de Marketing e Economia, mas, certamente, nada que nos tenha feito sentir aptidão para administrar um negócio próprio. Isso porque, para aplicar na prática tudo o que aprendemos, precisamos de alguma complementaridade, mesmo porque o aprendizado nunca cessa. Passaremos a vida toda, ou boa parte dela, adquirindo novos conhecimentos e aprendizados, sejam eles oriundos da técnica, sejam eles advindos da própria experiência.

O fato é que você se encontra, neste momento, lendo esta obra. Podemos supor que você está em busca de mais informações que possam auxiliá-lo nas tomadas de decisão, por exemplo. Um empreendedor no papel de administrador é movido por escolhas todos os dias dentro da empresa. Com base nisso, a partir de agora, vamos nos concentrar na administração voltada ao empreendedorismo.

Segundo Maximiano (2011, p. 32), administrar é "um processo de tomar decisões sobre o uso de recursos para permitir a realização de objetivos. Essa definição básica pode ser desdobrada em três papéis que você, como administrador, deve desempenhar".

Nos tópicos que seguem, abordaremos cada um desses papéis, de acordo com esse autor.

∴ 3.2.1 Tomar decisões

A tomada de decisões consiste na essência do trabalho do administrador. Tais decisões podem se dar, por exemplo, com relação aos seguintes aspectos:

- **Futuro e objetivos**: as decisões relacionadas ao futuro da empresa são de planejamento. O alcance delas abrange desde o futuro imediato (como pagar as contas da semana que vem) até o longo prazo (que produtos e serviços agregar à linha nos próximos anos, por exemplo).
- **Administração de recursos**: a administração de recursos se refere às tarefas de planejamento e organização de atividades das pessoas e de outros recursos necessários para o funcionamento da empresa. Nessa ótica, decisões que envolvem a divisão de responsabilidades entre gestor e membros da equipe, a organização de uma rede de fornecedores ou a forma de atender os clientes dizem respeito a recursos, assim como a execução e o controle de atividades planejadas.
- **Resolução de problemas**: está relacionada às situações imprevistas que causam desconforto, frustração e prejuízo. O dia a dia de qualquer empreendedor ou administrador é repleto de muitos problemas. Alguns são mais simples, como um cheque

devolvido de um cliente, ao passo que outros são muito complexos, como no caso de um defeito sistemático nos produtos ou de um incêndio que destrói instalações. Por isso, a fim de aprimorar seu papel como administrador, você deve entender e diagnosticar essas problemáticas, identificar as relações de causa e efeito, pensar criativamente para gerar alternativas e avaliar criticamente para fazer escolhas corretas.

∴ 3.2.2 Trabalhar com pessoas

As pessoas constituem o principal recurso de uma empresa e são fundamentais para que o administrador atinja seus objetivos. Elas compõem um grupo que chamamos de *stakeholders*, formado por funcionários, clientes, fornecedores e parceiros.

Perguntas & respostas

O que são *stakeholders*?

> *Stakeholders* significa **público estratégico** e descreve todas as pessoas ou **"grupo de interesse"** que são impactados pelas ações de um empreendimento, projeto, empresa ou negócio.
>
> Em inglês *stake* significa interesse, participação, risco. *Holder* significa aquele que possui. Assim, *stakeholder* também significa **parte interessada** ou **interveniente**.
>
> O termo é muito utilizado nas áreas de **comunicação, administração** e **tecnologia da informação,** cujo objetivo é designar

> as **partes interessadas** de um planejamento estratégico ou plano de negócios.
>
> São os *stakeholders* que legitimam as ações de uma organização e têm um papel de influência para a gestão e os resultados dessa mesma organização.
>
> Alguns **exemplos de *stakeholders*** de uma empresa: funcionários, gestores, gerentes, proprietários, fornecedores, concorrentes, ONGs, clientes, o Estado, credores, sindicatos, outras pessoas ou empresas que estejam relacionadas com o projeto. (Significados, 2022b, grifo do original)

∴ 3.2.3 Processar informações

Não há como tomar decisões sem ter acesso a informações, não é mesmo? Elas podem ser relativas ao desempenho da empresa ou das pessoas. Nesse sentido, seguimos recorrendo a Maximiano (2011, p. 34) para saber o que significa administrar informações:

- Procurar e obter informações: a informação vem até você, mas você também precisa ir atrás dela. É importante reconhecer a importância da informação e ser seletivo, buscando o que tem utilidade dentro da enorme quantidade de informações que são produzidas e oferecidas todos os dias.

- Processar informações: significa interpretar, entender e analisar a informação, relacionando-a com as decisões que é preciso tomar.
- Divulgar informações: para trabalhar bem com as pessoas, um administrador precisa disponibilizar informações. Sem informações, a equipe torna-se dependente do administrador para fazer qualquer coisa, o que o deixa sobrecarregado. Se o administrador pretende trabalhar com equipes autogeridas, por meio da delegação, a divulgação de informações é uma ferramenta básica. Além da equipe imediata, as outras pessoas da rede de relações do administrador também precisam de informações suas para trabalhar eficazmente.

Estudo de caso

De *freelancer* a microempreendedor individual

Vamos conhecer a história real de Cristiano Souza, 36 anos, casado, pai de duas meninas. Com 18 anos de atuação na área de comunicação, iniciou sua carreira como editor de imagens em uma emissora de TV.

Em 2016, quando ocorreu uma grave crise econômica no Brasil, Cristiano resolveu comprar um computador e uma câmera, com o objetivo de prestar alguns serviços e, assim, obter recursos extras. Começou suas atividades na igreja que frequentava, gravando e editando os vídeos dos eventos sociais promovidos pela instituição.

De repente, Cristiano se viu com três frentes de atuação e fontes de renda: como *freelancer* para algumas produtoras, com a prestação de serviços baseada na transmissão de imagens ao vivo; como funcionário contratado por uma produtora de materiais audiovisuais; e nas atividades de sua própria produtora, informalmente.

Ainda em 2016, em virtude da crise econômica, ele foi demitido da empresa em que tinha carteira assinada. Por conta disso, Cristiano decidiu oficializar (legalizar) sua produtora, pois os clientes passaram a exigir a emissão de nota fiscal. Assim, ele se tornou um microempreendedor individual.

Paralelamente, Cristiano encontrou outro emprego e permaneceu também como CLT em uma emissora de TV por mais algum tempo. No entanto, ele rapidamente identificou que, diante do horário de trabalho determinado e das demandas de sua produtora (empresa), não lhe sobrava tempo hábil para prospectar novos clientes.

Desse modo, com o passar do tempo, Cristiano sentiu a necessidade de profissionalizar sua empresa. Entendia que tinha experiência no negócio, ou seja, na prestação do serviço propriamente dita, pois tinha domínio das ferramentas de edição de vídeos. Em contrapartida, não tinha as habilidades necessárias para atuar com o atendimento de clientes. Ou seja, absorvia trabalhos apenas por indicação, mas não investia na busca por novos clientes.

Diante dessa constatação, Cristiano fez um curso de Gestão Administrativa. Assim, conquistou mais clientes e, com a alta demanda, optou por se desligar da atividade que exercia na emissora de TV como empregado. Então, buscou obter ainda mais conhecimento em gestão. Em seguida, 100% focado nas atividades de sua produtora, procurou fazer mais uma capacitação, mas, dessa vez, em prospecção de vendas.

De acordo com o próprio Cristiano Souza (2022), "a gente patina muito em gestão, na parte burocrática". Para ele, a maior dificuldade em empreender reside na atividade de gestão. Precificar serviços e mensurar a qualidade dos serviços prestados para os clientes são grandes desafios.

> Quando você é CLT, dia cinco seu salário está na conta. Agora, precificar um serviço... Por exemplo, eu sou um *videomaker*, trabalho com produções independentes, mas tenho produções maiores, com equipes maiores, com maquiagem, alimentação de equipe, serviços de pós-produção, energia, internet, taxas, diversos custos operacionais. Então, precificar isso tudo e agregar dentro de um serviço foi onde mais tive dificuldade. Eu demorava muito para fechar um orçamento. Hoje esse processo está automatizado. (Souza, 2022)

Além das capacitações, Cristiano também fez uso de sua experiência de vida. Aprendeu com os erros e os acertos que vivenciou até ali e aplicou esse conhecimento na construção e na melhoria contínua de sua produtora.

Sobre a marca e a escolha do nome da empresa

Quando criou a empresa em 2016, ao abrir o CNPJ e se tornar microempreendedor individual, Cristiano criou a marca com seu nome. Segundo ele (Souza, 2022), o objetivo inicial era "gourmetizar" o oferecimento dos serviços. Assim, ele chegou ao nome CRISTIANO SOUZA PHOTO AND FILM COMUNICATION.

No começo da jornada, o *videomaker* e empresário atuou com a cobertura de casamentos, aniversários e outros tipos de situações pertencentes ao segmento de eventos sociais. Até que um dia, um colega, também empresário e já consolidado no mercado, indicou-lhe que usasse um nome mais corporativo, visando atender clientes maiores. Cristiano e o colega entendiam que o fato de a empresa levar o nome do criador era algo que não transmitia certa credibilidade. Ou seja, para a atuação em eventos corporativos, o nome atual não caberia mais. "Escolher o nome é uma arte, e aprendi que menos é mais" (Souza, 2022).

Hoje, Cristiano atua no mercado de filmes publicitários e de outros tipos de filmes para as mais diversas plataformas, sob o nome CSCOM, que se refere à junção das iniciais de seu nome com a sigla COM, de *comunicação* (em português). Portanto, ele compreendeu a necessidade de fazer alguns ajustes para conseguir sempre caminhar em conformidade tanto com os objetivos estabelecidos quanto com os novos desafios.

Agora, chegou a sua vez! Avalie a história de Cristiano. Observe como a busca por conhecimento faz toda a diferença na gestão de um negócio em comunicação. Perceba que a administração eficaz de uma organização pode garantir a conquista dos objetivos desejados.

Em que capacitação você precisa investir neste momento (se esse for o seu caso)? Precisa aprender mais sobre finanças empresariais ou sobre novas ferramentas necessárias para a prestação de seus serviços?

Além disso, você sabe como precificar um serviço? A razão social e o nome fantasia de sua empresa são condizentes com o mercado e com os perfis de clientes que você gostaria de atingir?

Perguntas & respostas

Videomaker e *filmmaker* – Qual a diferença?

Os vídeos passaram a ser tão populares que, atualmente, todos nós carregamos câmeras nos bolsos, em nossos *smartphones*. As produções audiovisuais se tornaram digitais. Ou seja, o que antes era gravado apenas em película 16 ou 35 mm (algo muito caro e inacessível para diversos profissionais), hoje se tornou popular graças à digitalização. Diante disso, surgiu a profissão de *videomaker*, que é o responsável por todas as etapas da produção de um material audiovisual: da captação à edição final das imagens no computador. Além disso, esse profissional trabalha com a produção de vídeos institucionais, bem como para o YouTube (aulas, treinamentos, materiais audiovisuais para *youtubers* etc.), para eventos e videoclipes. O faturamento desse profissional vai depender do serviço executado e do cliente. A título de exemplo, vídeos institucionais podem variar entre R$ 1 mil e R$ 10 mil reais. Por sua vez, o *filmmaker* é o cineasta, isto é, aquele que faz filmes (curtas, médias ou longas-metragens, documentários etc.), no ramo da indústria cinematográfica.

3.3
Negócio empresarial *versus* comunicação

Se a propaganda é (ainda) a alma do negócio, então os clientes são o sangue. Essa premissa vale para uma empresa multinacional, local ou, até mesmo, para o pequeno empreendedor. No entanto, com a difusão da digitalização, os limites geográficos foram rompidos, o que aumentou a concorrência empresarial, embora o mesmo tenha ocorrido com as possibilidades de atração e retenção de novos clientes, em razão do maior alcance de informações e conteúdos, bem como de campanhas publicitárias ou de *inbound* marketing, por exemplo.

Atrair e reter clientes é mesmo algo desafiador. Podemos dizer que hoje a retenção ou fidelização de clientes é ainda mais desafiadora que a atração e, por isso, constitui-se em uma prática que, para ser bem-sucedida, demanda boas estratégias de marketing e comunicação.

Perguntas & respostas

O que é *inbound* marketing?

> O *Inbound* também é chamado de *marketing de atração* ou *novo marketing*. Visa atrair o cliente de forma natural, para que ele

> queira comprar o produto ou adquirir o serviço da empresa sem que esta precise ir até o cliente com propagandas invasivas. Por isso, o marketing de conteúdo é utilizado para atingir o público e levar o usuário a avançar nos estágios de funil de conversão. (Avis, 2019, p. 269, grifo do original)

Todo negócio necessita de serviços de marketing, independentemente de seu porte. Qualquer empreendedor precisa ter o mínimo conhecimento em marketing para garantir o sucesso de seu investimento. Em virtude disso, é importante ao menos saber fazer o "feijão com arroz" com perfeição.

Atualmente, a palavra *relacionamento* está em alta no mundo dos negócios. Todos os clientes querem ser bem atendidos, e os prestadores de serviços ou comerciantes de produtos desejam ter um bom relacionamento com os clientes. Mas como atrair e fidelizar novos clientes por meio do relacionamento, da comunicação? Para responder a essa pergunta, vamos trazer à tona tudo o que já estudamos em relação a marketing e comunicação.

Obviamente, se você é um profissional da comunicação que está lendo esta obra à procura de respostas a respeito do universo do empreendedorismo, seu caminho será mais assertivo. Tudo aquilo que fazíamos e aplicávamos em relação aos clientes – como publicitários contratados por alguma agência, por exemplo – agora poderá ser realizado em sua própria empresa.

Sempre vivenciamos a "dependência" de sermos contratados por alguma empresa para, então, podermos exercer nosso papel. Mas, sabemos, isso não é mais necessário, uma vez que você já tem o suporte e a teoria necessários para passar a contratar pessoas, e não mais ser contratado. Agora você entende que pode, sim, ser um realizador e, por consequência, também um gerador de empregos.

Alguns conceitos de marketing e comunicação são essenciais, pois valem para todos os negócios, sejam eles micro ou pequenos, médios ou grandes. Um dos principais diz respeito ao composto mercadológico, também conhecido como *mix de marketing*, cujos elementos são: **produto, preço, praça** e **promoção**. São os famosos **4 Ps do marketing**, dos quais você certamente já ouviu falar – e, acredite, eles sempre surgirão quando o assunto for marketing. Nas palavras de Cobra e Urdan (2017, p. 7), "o produto está certo para o consumo quando atende às necessidades e desejos de seus consumidores-alvo".

Vale lembrar que os produtos podem ser **tangíveis** ou **intangíveis**. Conforme exposto por Cobra e Urdan (2017, p. 7): "Enquanto os produtos intangíveis são classificados como serviços, pessoas (profissionais liberais, políticos, religiosos etc.), locais (cidades turísticas), organizações (Unicef, igrejas) ou ideias, os tangíveis são aqueles palpáveis, que conseguimos ver, tocar e testar".

Os produtos tangíveis são aqueles que permitem o uso de estratégias de vendas por meio da diferenciação, da qualidade percebida pelo consumidor. Se, como consumidores, vamos comprar uma peça de roupa, conseguimos imediatamente perceber a qualidade tocando o tecido, checando o acabamento etc. Podemos ver e tocar o produto antes de decidir pela compra. Já para a prestação de serviços, essa mesma estratégia de diferenciação se torna um pouco mais desafiadora, pois **o serviço não pode ser tocado e só será**

devidamente avaliado no ato de sua prestação. Por essa razão, temos de pensar e definir qual será nossa **vantagem competitiva** ante a concorrência, vantagem esta que se refere à "capacidade de ter um desempenho melhor que os dos concorrentes na oferta de algo que o mercado valorize. As organizações fazem isso entregando um valor maior, seja baixando os custos de compra e uso, seja oferendo maiores benefícios" (Churchill; Peter, 2000, p. 49).

Ainda sobre a vantagem competitiva, vejamos o que afirma Dornelas (2021, p. 59):

> Vantagens competitivas estão necessariamente ligadas a diferenciais que proporcionam um ganho para o consumidor. Isso pode ocorrer por meio de um custo menor de produção, de estruturas enxutas e de criatividade no processo de obtenção do produto, que, por fim, levam a um produto ou serviço de menor custo e, consequentemente, de menor preço final. Nesse caso, o diferencial é o menor custo. No entanto, a empresa pode deter um conhecimento de mercado muito superior à concorrência, o que lhe permite monitorar e controlar as tendências desse mercado, antecipando-se aos competidores e sempre trazendo novidades que atendam aos anseios dos consumidores, estabelecendo sua marca e fortalecendo sua presença na mente dos clientes.

Sabendo qual é a vantagem competitiva de seu negócio ou até mesmo do produto/serviço que será oferecido ao mercado, certamente você terá um diferencial perante a concorrência. Pense nisso.

Você já sabe qual é a vantagem competitiva de seu empreendimento a ser comunicada ao público? Caso ainda não saiba, faça essa reflexão e avalie quais são os pontos fortes de seu empreendimento. Depois, trabalhe esses diferenciais em seu planejamento de comunicação, de modo a propagá-los no mercado.

∴ 3.3.1 Comunicação empresarial ou organizacional

Como partimos do princípio de que há comunicadores lendo este livro, vamos retomar e contextualizar alguns pontos. Anteriormente, mencionamos que a comunicação acompanha tendências, ou seja, o que acontece no mundo. Certamente, tais tendências variam conforme inúmeros fatores, mas a vertente da comunicação que mais nos interessa aqui é a **comunicação mercadológica**, que, segundo Pimentel e Rodrigues (2018), é responsável pela divulgação publicitária de produtos ou serviços de uma instituição. Se você abriu ou vai abrir seu primeiro negócio, ele precisa ser visto no mercado, para que seja possível fechar muitos contratos (vender seus serviços) e, assim, garantir a sobrevivência de sua empresa.

Também abordamos a pirâmide de Maslow, a qual se refere a desejos e necessidades. Observe, então, o que há em seu entorno. O que você tem consumido em termos de comunicação? Estamos em um momento em que tudo se tornou passível de discussão, e é raro vermos uma campanha publicitária ou marca que agrade a todos. Isso se justifica pelo fato de que cada vez mais o consumidor interfere na construção de uma marca, sendo até mesmo capaz de cancelá-la via redes sociais. Não podemos mais nos basear apenas em atender necessidades. Como vimos anteriormente, precisamos superar expectativas.

A esse respeito, acompanhe o que afirmam Pimentel e Rodrigues (2018, p. 99):

> Mudanças comportamentais, bem como o avanço dos discursos de empoderamento das minorias, também ditam a nova conduta das empresas diante da sociedade, influenciando a maneira como essas instituições se comunicam com o público-alvo. A expansão do mercado *plus size*, o crescimento do protagonismo negro em propagandas, a aposta em discursos que abranjam os homossexuais e a desconstrução de um padrão de beleza feminino são nítidos exemplos dessa nova forma de se comunicar.

Com relação à comunicação de seu negócio, procure sempre ser o mais transparente possível. Trace metas e objetivos alcançáveis por meio da comunicação e conquiste-os. Trabalhe a gestão de crise, caso algo não ocorra conforme o esperado, isto é, não deixe o "dito pelo não dito".

Como explicamos no início desta obra, comece elaborando a missão, a visão e os valores de sua organização, o que é primordial quanto à **comunicação institucional**, que visa zelar pela imagem da empresa e é responsável pela construção da identidade corporativa da organização. Em seguida, você poderá investir em alguns elementos, tais como:

- **Comunicação interna**: dialogue com sua equipe, independentemente do número de funcionários de que você disponha. Determine claramente as funções de cada um dentro da organização. Mantenha o discurso interno alinhado aos princípios da empresa. Eleja canais oficiais de comunicação interna. Dessa forma, a imagem de sua marca será consolidada e refletida também externamente para os *stakeholders*. Certifique-se de que sua equipe está treinada e capacitada para atender os clientes. Motivação é importante.
- **Endomarketing**: consiste em tratar o funcionário como se fosse um cliente. Por isso, trabalhe a comunicação de modo que os colaboradores se sintam parte da organização, necessários para o bom funcionamento do negócio. Elabore ações de reconhecimento do trabalho exercido pela sua equipe.
- **Comunicação integrada**: use as mais diversas ferramentas de comunicação para falar com seu público, esteja ele onde estiver. Lembre-se de que a comunicação de sua empresa precisa ser homogênea. Faça uso do marketing digital e coloque sua marca nas redes sociais. Exponha sua empresa em aplicativos e redes sociais, como WhatsApp Business, Facebook, Instagram e TikTok, assim como na TV, no rádio, nas revistas e até mesmo em *outdoors*. Participe de rodadas de negócios, palestras e *workshops*, ou seja, use e abuse de seu *network* para fechar novos negócios.
- **Comunicação administrativa**: guie seus funcionários em relação aos processos administrativos adotados em sua empresa. Documente e normalize as rotinas da organização. Planeje,

administre e controle os mecanismos do negócio, sempre mantendo o foco na produção e em seus resultados.

Algumas ações exigirão um pouco mais de tempo e de investimento para que os resultados sejam atingidos. O importante é que elas sejam monitoradas e avaliadas constantemente. Não se esqueça de estabelecer conivência entre princípios, valores e aquilo que seu negócio comunica, pois a comunicação precisa fazer sentido.

Para saber mais

Para aprofundar seus conhecimentos sobre comunicação organizacional, leia a obra indicada a seguir:

PIMENTEL, M. de O.; RODRIGUES, F. C. **Em pauta**: manual prático da comunicação organizacional. 2. ed. Curitiba: InterSaberes, 2018.

3.4
O criador e o empreendedor

Engana-se quem pensa que o empreendedor é um mero criador de empresas. Empreendedor é alguém que realiza, que faz algo acontecer. *Empreender* é sinônimo de *realizar*, logo, quem realiza, empreende; e realizar pode não ser apenas criar uma empresa.

O criador do negócio não é capaz de liderar uma organização sem ter a prática do empreendedorismo, ou seja, **"o improviso não serve de referencial ao empreendedor gestor"** (Schneider;

Castelo Branco, 2012, p. 24, grifo nosso). Portanto, para que possa seguir sua jornada, o empreendedor precisa incorporar traços de gestão, os quais, segundo Schneider e Castelo Branco (2012), delineiam as características e capacidades que os gestores devem ter, tais como:

- **Planejamento**: preparar para a ação e a mensuração de resultados; elaborar planos, programas, metas e objetivos a fim de construir um ambiente sólido.
- **Criatividade**: buscar soluções para os problemas e as alternativas de combinações entre produtos e serviços inovadores.
- **Inovação**: criar novos produtos, processos e formas de negociar e empresariar.
- **Perseverança**: não desistir diante dos primeiros obstáculos, visto que o trabalho será árduo e contínuo.
- **Otimismo**: acreditar no próprio negócio, em suas potencialidades.
- **Entusiasmo**: saber que, no início, os erros serão maiores que os acertos, mas resultarão em experiência e conhecimento, subsídios importantes para enfrentar situações futuras.
- **Ação**: fazer acontecer é o papel principal do empreendedor.

Além disso, vale considerar o que ensina Dornelas (2021, p. 26):

> Outro fator que diferencia o empreendedor de sucesso do administrador comum é o constante planejamento a partir de uma visão de futuro. Esse talvez seja o grande paradoxo a ser analisado, já que o ato de planejar é considerado uma das funções básicas do administrador desde os tempos de Fayol

[...]. Então, não seria o empreendedor aquele que assume as funções, os papéis e as atividades do administrador de forma complementar, a ponto de saber utilizá-los no momento adequado para atingir seus objetivos? Nesse caso, o empreendedor seria um administrador completo, que incorpora as várias abordagens existentes, sem se restringir a apenas uma, e interage com seu ambiente para tomar as melhores decisões.

O empreendedor é um administrador completo, e não um simples criador de novos negócios. Isso significa que esse profissional, além de criar uma nova empresa, vai administrá-la por completo. No entanto, isso não quer dizer que ele precisará assumir todas as responsabilidades e tarefas; estas terão de ser delegadas assertivamente, a fim de garantir o desenvolvimento e o crescimento da organização.

3.5
A difícil arte de delegar

A liderança é outro fator importante para os empreendedores e/ou gestores de negócios. De acordo com Weil (1992, p. 63), líder "é todo indivíduo que, graças à sua personalidade, dirige um grupo social, com a participação espontânea dos seus membros". Isso posto, é possível supor que um empreendedor pode imaginar que sua empresa só seguirá adiante e obterá sucesso sob seus olhos e suas decisões. Desse modo, somos tentados a pensar que, se, como gestores, nós nos afastarmos de determinadas funções, elas não serão bem executadas. Essa é uma forma de centralizar a execução de atividades, o que não é positivo, já que um líder deve dividir responsabilidades e basear-se nas relações de confiança.

Imagine que, em determinada empresa, o gestor – empreendedor – é o que mais trabalha, o primeiro a chegar e o último a sair. Acumula pilhas de papéis em sua mesa, porque, obviamente, tudo requer sua aprovação (ou não) e assinatura. Nada passa adiante sem o seu olhar. Contas a pagar e a receber, escolha de fornecedores, novas contratações e até mesmo o novo *layout* da sala precisam de sua aprovação. Mas esse cenário não está correto, tampouco faz parte da rotina de uma liderança sadia, uma vez que um líder precisa instigar seus colaboradores a serem melhores a cada dia e lhes delegar tarefas.

Ou seja, é fácil concluir que **um bom líder delega**. Nas palavras de Carnegie (2011, p. 38): "Muitos líderes esperam tempo demais para delegar poder. Isso não apenas reduz a eficiência das organizações como reduz as oportunidades de crescimento de pessoas prontas a fazer contribuições maiores". Assim, para que um colaborador se sinta realmente parte da organização, ele precisa ter autonomia e ser incluído nas tomadas de decisão do gestor, além de ter liberdade para sugerir mudanças e receber tarefas passíveis de execução, de acordo com suas competências e habilidades.

Portanto, o gestor tem de atribuir tarefas aos seus colaboradores, pois estes precisam sentir que o líder deposita confiança no trabalho que eles exercem. Tal relação de troca fará toda a diferença no andamento das atividades da empresa.

Podemos associar a não delegação de tarefas e atribuições a uma situação em que a mãe não desapega do filho, por exemplo.

Assim é o empreendedor-gestor que age com base na afirmação de que "o gado só engorda aos olhos do dono" – o que é uma inverdade.

∴ 3.5.1 Chefe *versus* líder

Um chefe toma a decisão e simplesmente a anuncia. Já um líder apresenta um problema à equipe, aceita sugestões e decide depois de ouvir seus colaboradores. O chefe "vende" determinada decisão, ao passo que o líder estabelece limites e permite que um grupo decida por ele.

O papel do líder é tornar clara para a equipe a importância do trabalho a ser desenvolvido e de tudo o que circunda a empresa e a sociedade. Nos termos de Alencastro (2016, p. 115): "O mais importante de tudo é que os líderes passem aos liderados a perspectiva do que estão fazendo, sob pena de o trabalho se tornar mecânico e empobrecido". Em outras palavras, trata-se de ser transformador, de extrair o melhor de cada pessoa e de ter prazer ao ver o crescimento profissional dos seus colaboradores.

Perguntas & respostas

Qual a diferença entre chefe e líder?
- Chefe = dirigir e persuadir.
- Líder = compartilhar e delegar.

Cada líder pode ter o seu estilo próprio de liderança. Porém, Weil (1992, p. 75, grifo nosso) procurou sintetizar **os dez mandamentos do líder**, a saber:

I. Respeitar o ser humano e crer nas suas possibilidades, que são imensas.

II. Confiar no grupo mais do que em si mesmo.

III. Evitar críticas a qualquer pessoa em público, procurando elogiar, diante do grupo, os aspectos positivos de cada um.

IV. Estar sempre dando o exemplo em vez de ficar criticando o tempo todo.

V. Evitar dar ordens, procurando a cooperação de cada um.

VI. Dar a cada um seu lugar, levando em consideração seus gostos, seus interesses e suas aptidões pessoais.

VII. **Evitar tomar, ainda que de maneira provisória, a iniciativa de uma responsabilidade que pertença a outrem, mesmo pensando que faria melhor;** no caso de chefes que lhe são subordinados, evitar passar por cima deles.

VIII. **Consultar os membros do grupo antes de tomar uma resolução importante, que envolva interesses comuns.**

IX. **Antes de agir, explicar aos membros do grupo o que vai fazer e por quê**.

X. Evitar tomar parte nas discussões quando presidir uma reunião; guardar neutralidade absoluta, fazendo registrar, imparcialmente, as decisões do grupo.

Cabe ao líder disseminar os princípios e valores de sua empresa entre seus colaboradores. A conduta dele deve ser pautada nas questões éticas, o que é algo imprescindível para um bom líder. É preciso inspirar pessoas, fazer com que elas se desafiem mais, que busquem seu melhor a cada dia, o que se refletirá na organização, tanto interna como externamente. Um colaborador satisfeito se torna um propagador dos diferenciais da organização, pois vai dizer a todos que é respeitado, que trabalha em uma boa empresa e que esta reconhece seu valor. *Respeitar, confiar, evitar, consultar* e *agir* são verbos que compõem as atividades de um líder.

∴ 3.5.2 Gerentes tradicionais *versus* empreendedores

No Quadro 3.1, a seguir, acompanhe uma comparação estabelecida por Hisrich e Peters (1998) entre os comportamentos e as tarefas de gerentes tradicionais e de empreendedores.

Quadro 3.1 – Gerentes tradicionais *versus* empreendedores

Temas	Gerentes tradicionais	Empreendedores
Motivação principal	Promoção e outras recompensas tradicionais da corporação, como *status*, poder etc.	Independência, oportunidade para criar algo novo, obter lucros.
Referência de tempo	Curto prazo, gerenciando orçamentos semanais, mensais etc. e com horizonte de planejamento anual.	Sobreviver e conseguir, em cinco a dez anos, um bom crescimento do negócio.
Atividade	Delega e supervisiona.	Envolve-se diretamente.
Status	Preocupa-se com o *status* e com o modo pelo qual é visto na empresa.	Não se preocupa com o *status*.
Como vê o risco	Age com cautela.	Assume riscos calculados.
Falhas e erros	Tenta evitar erros e surpresas.	Aprende com erros e falhas.
Decisões	Geralmente concorda com seus superiores.	Segue seus sonhos para tomar decisões.
A quem serve	Aos outros (superiores).	A si próprio e a seus clientes.
Histórico familiar	Membros da família trabalharam em grandes empresas.	Membros da família possuem pequenas empresas ou já criaram algum negócio.

(continua)

Temas	Gerentes tradicionais	Empreendedores
Relacionamento com outras pessoas	A hierarquia é a base do relacionamento.	Transações e acordos são as bases do relacionamento.

Fonte: Elaborado com base em Hisrich; Peters, 1998.

Com quem você se identifica mais? Com o gerente tradicional ou com o empreendedor? Procure refletir sobre isso e avalie o que você acredita ser necessário modificar em sua atuação como empreendedor.

Síntese

Neste capítulo, vimos que a criatividade não está associada apenas às artes, uma vez que é também uma grande aliada na resolução de problemas e situações empresariais. Analisamos em que consiste o processo criativo e, mediante a leitura de alguns *cases*, mostramos o que é a criatividade aplicada.

Além disso, tratamos, com mais detalhes, de conceitos relativos à administração e à gestão administrativa e apresentamos a história de um empreendedor que deixou de ser *freelancer* e passou a atuar como microempreendedor individual. Examinamos, ainda, a diferença entre um criador e um empreendedor. Por fim, retomamos alguns aspectos referentes à comunicação empresarial e conceituamos as diferenças entre um chefe e um líder.

Questões para revisão

1. Em suas próprias palavras, responda: O que é administração?

2. De acordo com o que foi estudado neste capítulo, defina em que consistem os *stakeholders*.

3. Sabemos que o termo *criatividade* conta com inúmeras definições. Conforme vimos, de acordo com Predebon (2013), cada indivíduo pode formular a própria definição de *criatividade*. Porém, existe o que chamamos de *processo criativo*. A seguir, assinale a alternativa que indica a ordem correta referente à organização do processo criativo:
   a) Preparação, incubação, iluminação, verificação.
   b) Verificação, iluminação, incubação, preparação.
   c) Iluminação, incubação, preparação, verificação.
   d) Procurar, processar e divulgar informações.
   e) Tomar decisões, trabalhar com pessoas e processar informações.

4. Acerca dos estudos vinculados à comunicação organizacional, assinale a alternativa que define corretamente a prática do endomarketing:
   a) Comunicar os produtos ou serviços de uma organização.
   b) Tratar os colaboradores como se fossem clientes, de modo que se sintam parte da organização.
   c) Comunicar uma mensagem no âmbito administrativo de uma organização.

d) Trata-se de um fenômeno que abrange as comunicações institucional, interna, administrativa e mercadológica.
e) Refere-se ao fluxo de comunicação do setor administrativo.

5. Neste capítulo, vimos a importância de se destacar no mercado, de entregar ao cliente algo inovador por meio da oferta e da prestação de serviços na área de comunicação. Isso posto, assinale a alternativa que define corretamente *vantagem competitiva*:
   a) Um fluxo de comunicação.
   b) Algo que desvaloriza a empresa perante a concorrência e os *stakeholders*.
   c) Desempenho superior aos dos concorrentes, algo que garanta o diferencial do negócio.
   d) Benefício extra, ou seja, quando o cliente tem a opção de levar mais por menos (apenas em relação a produtos).
   e) Apenas um lucro maior em relação aos concorrentes.

Questões para reflexão

1. Neste capítulo, vimos várias noções relacionadas ao conceito de criatividade. A esse respeito, reflita: O que é *insight*? Para a criação de seu negócio, você teve *insights*? Se sim, quais? Em sua opinião, o que é preciso fazer para ter bons *insights*?

2. Qual é sua definição para a palavra *criatividade*? Em que momento de sua trajetória profissional você fez uso da criatividade aplicada?

Capítulo 04

Tipos de empresas, fluxograma e organograma

Conteúdos do capítulo:

- Tipos de empresas e de impostos.
- Conceito de organograma.

Após o estudo deste capítulo, você será capaz de:

1. compreender quais são os tipos de empresas existentes e avaliar qual deles é ideal para o seu negócio;
2. entender mais sobre os impostos relativos ao empreendimento;
3. organizar a sua empresa hierarquicamente.

4.1
Tipos de empresas

Conforme vimos no Capítulo 2, os tipos de composição societária das empresas também são denominados *natureza jurídica*. Anteriormente, mencionamos a importância dessa definição para compor (ou não) uma sociedade e, assim, formular um contrato social (se necessário), documento que constitui a base para a abertura de uma organização.

Considerando o exposto, neste capítulo, vamos ajudá-lo a entender qual é o tipo de empresa (incluindo o porte) que pode oferecer mais vantagens para o seu negócio e quais seriam as desvantagens. Ainda, mostraremos em que tipo de empresa a atividade a ser desenvolvida se encaixa. Vale a pena reforçar de antemão a importância de consultar um profissional da área de ciências contábeis – um contador –, a fim de garantir mais segurança para as tomadas de decisões importantes.

∴ 4.1.1 Microempreendedor Individual (MEI)

A categoria MEI é recomendada para quem não exerce atividade classificada como intelectual. O MEI trabalha por si, já tem determinada ocupação e precisa obter um Cadastro Nacional da Pessoa Jurídica (CNPJ) para a emissão de nota fiscal (NF).

Algumas das vantagens e desvantagens dessa categoria empresarial estão listadas no Quadro 4.1, a seguir.

Quadro 4.1 – Vantagens e desvantagens do MEI

Vantagens	Desvantagens
Rapidez na abertura e menos burocracia.	É permitida a contratação de apenas um funcionário, que receba o piso da categoria ou ao menos 1 salário mínimo.
Impostos com valores menores, incluídos em uma única guia de pagamento; a carga tributária não se altera com o volume de vendas.	A renda anual não pode ultrapassar o valor de R$ 81 mil reais (de 1º de janeiro a 31 de dezembro); o valor da média de faturamento mensal é R$ 6.750,00. Caso formalize a empresa em junho, por exemplo, o total de faturamento até o final do ano deverá ser de R$ 47.250,00 (7 meses x R$ 6.750,00 por mês).
Registro gratuito no Portal do Empreendedor: <https://www.gov.br/empresas-e-negocios/pt-br/empreendedor> (Figura 4.1).	O proprietário não pode compor sociedade em outras empresas, e a organização não poderá ter filiais.

Figura 4.1 – Página inicial do Portal do Empreendedor

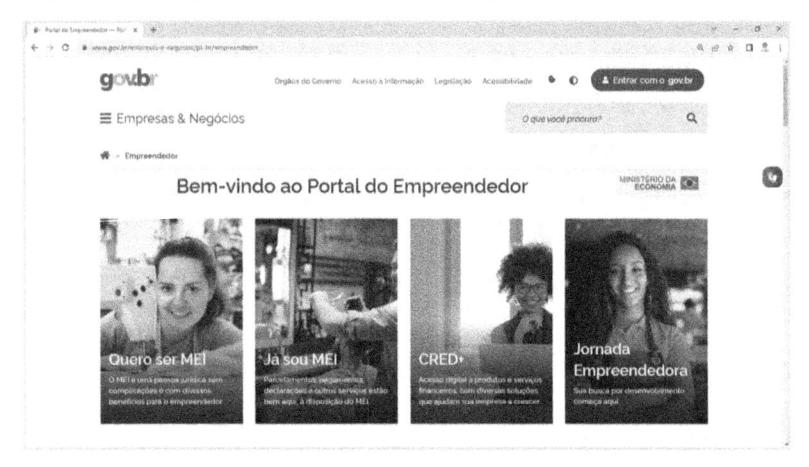

Fonte: Brasil, 2022a.

No Portal do Empreendedor, é possível esclarecer dúvidas, pois há destaque para perguntas frequentes que são comuns a todos os empreendedores. Nessa página, você encontra orientações sobre pontos de atenção antes da formalização, legislação, dados estatísticos, capacitações, implicações relacionadas a alterações cadastrais, benefícios e muitas outras informações, como o glossário de siglas e abreviações, que contém diversos itens importantes para quem está iniciando.

Quem pode ser MEI

Verifique se a ocupação que você exerce é permitida para essa opção. Observe a descrição das ocupações permitidas (atividades correspondentes) e avalie se a atividade com a qual você atua ou atuará se enquadra como MEI. Você poderá escolher uma ocupação principal e até outras 15 ocupações como secundárias.

Quem não pode ser MEI

Não pode ser MEI **quem exerce atividades intelectuais**, como é o caso de médicos, advogados, engenheiros, dentistas e outros que não estão inclusos na tabela do MEI. Segundo Gularte (2021), entre as profissões que não são permitidas, além das já citadas, estão as desenvolvidas por:

- nutricionistas;
- contadores;
- consultores;
- psicólogos;
- veterinários;
- **jornalistas**;
- **publicitários**;
- administradores.

Ainda, também não podem ser MEI:

1 – Pessoa que seja titular, sócio ou administrador formal de outra empresa; 2 – Servidores públicos estaduais e municipais devem observar os critérios da sua região, que podem variar conforme o estado ou município; 3 – Pensionista e servidor público federal em atividade; 4 – Estrangeiro com visto provisório (formalizar apenas mediante apresentação do RNE – Registro Nacional de Estrangeiro). (Minutomei, 2022)

É importante contar com o apoio de um contador para formalizar o negócio e para entender questões mais específicas que possam vir a suscitar dúvidas. Caso você seja um profissional das áreas aqui citadas como não elegíveis para MEI e venha a abrir uma empresa nessa categoria indevidamente, isso poderá acarretar uma série de fatores restritivos e burocráticos para você.

∴ 4.1.2 Microempresa (ME)

Caso sua atividade não se enquadre na opção MEI, não há com o que se preocupar. Sua empresa será uma ME. Trata-se de uma classificação de tamanho, de porte de empresa, assim como no caso do MEI, da Empresa de Pequeno Porte (EPP) e, por fim, da Empresa de Grande Porte. Segundo Gularte (2021, grifo do original), a ME pode ser estabelecida em quatro categorias (tipos societários ou naturezas jurídicas), que são:

- **Sociedade Simples**, ou seja, empresa com mais de um sócio e ideal para médicos, advogados, dentistas etc., adotada para prestação de serviços de atividades intelectuais e cooperativas;
- **Sociedade Empresária**, ou "Ltda.", uma sociedade limitada que conta sempre com a presença de um ou mais sócios e as contas, e dívidas das Pessoas Físicas são separadas da Pessoa Jurídica;
- **EIRELI** (Empresa Individual de Responsabilidade Limitada), que é formada unicamente pelo próprio empreendedor

e sem necessidade de sócios, mas é necessário investir um capital cujo valor seja de pelo menos 100 salários mínimos vigentes;
- **Empresário Individual**, onde não é necessário a presença de sócio, assim como a EIRELI, mas ganha vantagem pelo fato de não precisar investir um valor alto do capital social.

Observe o que nos informa Torres (2022c, grifo do original) acerca dos **portes** das empresas:

- **MEI**: [...] o rendimento bruto anual do MEI não pode ultrapassar R$ 81 mil (ou, no máximo, até 20% desse valor). Outra característica dessa empresa é de não poder contratar mais de um único funcionário;
- **ME (Microempresa)**: O rendimento bruto anual de uma ME tem um limite de R$ 360 mil. Em relação à contratação de funcionários, é permitido 9 empregados para empresas dos segmentos de comércio e de serviços, e até 19 empregados para indústrias;
- **EPP (Empresa de Pequeno Porte)**: Para uma EPP, o faturamento bruto anual pode variar de R$ 360 mil até R$ 4,8 milhões. E para contratação dos funcionários, nos segmentos de comércio e serviço, é permitido de 10 a 49 empregados; para indústrias, é de 20 a 99 empregados.

Segundo Maximiano (2011), escolher o tipo de empresa diz respeito à definição do formato do empreendimento, que pode vir a ser uma empresa propriamente dita ou uma outra alternativa. Ainda de acordo com Maximiano (2011, p. 33-35, grifo do original), há outros formatos de empresas:

Empresa tradicional

É uma entidade econômico-administrativa que tem finalidade econômica, ou seja, tem o lucro como objetivo, por meio de atividades de transformação e fornecimento de bens e serviços, como comércio, indústria, agricultura, pecuária, transportes, telecomunicações, turismo, educação e assim por diante. [...]

Empresa familiar

Uma variante da empresa tradicional, a empresa familiar é uma iniciativa que tem o objetivo de melhorar a condição socioeconômica de uma família. Idealmente, a empresa familiar divide entre seus componentes as tarefas iniciais e os benefícios. Em seguida, outros membros da família são envolvidos, às vezes precocemente, nas operações da empresa, criando-se assim uma sociedade familiar. Com o passar do tempo, esse tipo de empresa gera uma série de questões mais complexas do que a simples administração de uma atividade comercial ou industrial. Entre essas questões estão a participação dos descendentes e seus cônjuges na sociedade, a divisão dos lucros e a passagem para os sucessores.

Tanto no caso da empresa tradicional (individual) como na empresa familiar, a transição para os descendentes costuma ser um dos grandes problemas. Em certos casos, esse problema torna-se tão grave que causa a dissolução do negócio na segunda ou na terceira geração. [...]

Franquia

Franquia ou *franchising* empresarial é o sistema pelo qual um franqueador cede a um franqueado o direito de uso da marca ou patente, associado ao direito de comercialização exclusiva e semiexclusiva de produtos ou serviços. [...]

Cooperativas

Cooperativa é a sociedade de pessoas com forma e natureza jurídica própria, de natureza civil, não sujeita a falência, constituída para prestar serviços a seus associados (número mínimo de 20 pessoas físicas).

Concluindo este tópico, cabe enfatizarmos que, para selecionar o **tipo de empresa** e o **porte ideal** para a empresa, é preciso avaliar várias questões, como a atividade que será exercida, o faturamento que se espera obter, a quantidade de funcionários para que as atividades possam ser exercidas com qualidade etc. Obviamente, de acordo com o avanço e o crescimento da empresa, o porte inicial deverá mudar. Isso significa que uma organização que iniciou suas atividades como ME um dia poderá enquadrar-se na categoria de Empresa de Grande Porte.

Vários são os fatores envolvidos na classificação ideal de uma empresa. Esse fato justifica a necessidade de termos um mínimo entendimento de todas as áreas do negócio e de contarmos com um profissional de contabilidade para nos ajudar nessa jornada.

Alguns aspectos podem ser, de fato, escolhidos, mas outros não – por exemplo, as atividades que definem quais profissionais podem ou não ser enquadrados como MEI. Por essa razão, precisamos saber para onde direcionar nossos esforços nesse sentido e, assim, compreender qual é o melhor caminho a seguir na jornada empreendedora.

Perguntas & respostas

Qual é a diferença entre tipos societários, portes de empresa e regimes tributários?

> Antes de falar dos regimes em si, é muito importante compreender que definir o porte da empresa é um passo diferente do enquadramento em um regime tributário que por sua vez, é diferente da escolha do tipo societário.
>
> Apesar de serem três coisas diferentes, é muito comum encontrar pessoas confundindo esses termos e dizendo, por exemplo, que "o tipo de empresa que possui é uma Simples Nacional" (sendo que o SN é o regime tributário e não o tipo). Isso acontece principalmente com os empreendedores de primeira viagem, já que tais conceitos podem ser bem obscuros para quem está começando. [...]
>
> Para facilitar o entendimento, vamos pensar no processo de abertura de um CNPJ. Primeiro, você precisa definir o tipo

> societário – basicamente isso define se você abrirá a empresa sozinho ou com mais sócios. Os tipos societários possíveis no Brasil são: Empresário Individual (EI), Empresário Individual de Responsabilidade Limitada (EIRELI), Limitada (Ltda.) e Sociedade Anônima (S.A.).
>
> Após a escolha do tipo, você deve enquadrar seu CNPJ em um dos portes que variam conforme o tamanho e faturamento. Quando se trata de micro e pequenas empresas, os portes indicados são o Microempreendedor Individual (MEI), a Microempresa (ME), e a Empresa de Pequeno Porte (EPP). (JS Contadores, 2022)

4.2
Tipos de impostos

Certamente você já ouviu falar que no Brasil se cobram muitos impostos. Produtos como veículos, celulares, cestas de alimentos básicos e diversos outros são bem mais caros no Brasil do que em outros países, por conta da alta carga tributária que sobre eles incide. Agora, imagine empreender diante desse cenário...

O formato, o tipo de empresa criada, bem como as atividades exercidas, definirão a quantidade e os tipos de impostos a serem arrecadados. Trata-se de algo de extrema relevância. Ao deixar de quitar seus impostos, uma empresa pode se tornar inativa e sofrer muitas consequências pelo não pagamento.

A seguir, no Quadro 4.2, apresentamos alguns dos principais impostos cobrados no Brasil.

Quadro 4.2 – Tipos de impostos

Impostos federais	Impostos estaduais	Impostos municipais
Responsáveis por cerca de 60% das arrecadações do país	Responsáveis por 28% das arrecadações do país	Responsáveis por 5,5% das arrecadações do país
IOF – Imposto sobre Operações Financeiras	ICMS – Imposto sobre Circulação de Mercadorias e Serviços	IPTU – Imposto sobre Propriedade Territorial Urbana
II – Imposto sobre Importação	IPVA – Imposto sobre a Propriedade de Veículos Automotores	ISS – Imposto sobre Serviços
IRPF – Imposto de Renda Pessoa Física	ITCMD – Imposto sobre Transmissão *Causa Mortis* e Doação	ITBI – Imposto de Transmissão de Bens Imóveis
IRPJ – Imposto de Renda Pessoa Jurídica		
Cofins – Contribuição de Financiamento da Seguridade Social		
PIS – Programa de Integração Social		
Pasep – Programa de Formação do Patrimônio Público do Servidor		

(continua)

(Quadro 4.2 – conclusão)

Impostos federais	Impostos estaduais	Impostos municipais
CSLL – Contribuição Social sobre o Lucro Líquido		
INSS – Instituto Nacional do Seguro Social		
IPI – Imposto sobre Produtos Industrializados		

Fonte: Elaborado com base em Torres, 2022e.

Os impostos devem retornar à população do país aplicados em serviços essenciais, como saúde, segurança, educação, transporte, habitação, infraestrutura e iluminação pública.

A Figura 4.2, a seguir, refere-se à página do Impostômetro. Na imagem, por meio do gráfico, podemos observar que o brasileiro precisou trabalhar ao menos 149 dias do ano de 2021 apenas para pagar seus impostos.

Na coluna ao lado, podemos ver o *ranking* do Índice de Retorno e Bem-Estar Social (Irbes), no qual a primeira posição mundial é ocupada pela Irlanda, seguida dos Estados Unidos e da Suíça. O Brasil se encontra no 30º lugar, com **impostos demais e retorno de menos**.

Figura 4.2 – Impostômetro

Fonte: Impostômetro, 2022.

Na página do Impostômetro, é possível acompanhar os números relativos à arrecadação de impostos no Brasil. Podemos saber qual foi o valor arrecadado por meio de cada imposto e, ainda, verificar a classificação dos dados por tributos, estados e capitais. Há também alguns estudos e notícias sobre legislação e carga tributária, que podem ser úteis para as análises de viabilidade de seu negócio.

∴ 4.2.1 Regimes ou modelos de tributação

Todas as empresas precisam quitar seus impostos, sejam eles federais, estaduais ou municipais. O tipo de imposto devido, como vimos, varia de acordo com o ramo de atividade e o regime tributário em que o negócio se enquadra. Segundo Marques (2022, grifo do original), os regimes de tributação são os seguintes:

Simples Nacional: é um regime compartilhado de arrecadação, cobrança e fiscalização de tributos aplicável às Microempresas e Empresas de Pequeno Porte que faturam até R$ 4,8 milhões por ano, previsto na Lei Complementar nº 123, de 14 de dezembro de 2006.

Lucro Presumido: é um regime tributário em que a empresa faz a apuração simplificada do Imposto de Renda de Pessoa Jurídica (IRPJ) e da Contribuição Social sobre o Lucro Líquido (CSLL). Pode ser uma opção para os negócios que possuem um faturamento de até R$ 78 milhões por ano ou a R$ 6,5 milhões multiplicados pelo número de meses de atividade do ano-calendário anterior, quando inferior a 12 meses.

Lucro Real: é a regra generalizada para a coleta do Imposto de Renda da Pessoa Jurídica (IRPJ) e a Contribuição Social sobre o Lucro Líquido (CSLL), sua adesão torna-se obrigatória nos casos de empresas que possuem faturamento superior a R$ 78 milhões no período de apuração.

Com relação a esse aspecto, o aconselhamento do contador é primordial para o sucesso da empresa. Ele será o responsável por avaliar aspectos como número de funcionários, valor de faturamento e outras informações importantes para que você possa escolher a opção correta e condizente com as especificidades de seu empreendimento. Entretanto, considerando as informações aqui citadas, você já poderá ter noções de como enquadrar seu negócio nos regimes tributários possíveis.

∴ 4.2.2 Principais tipos de impostos pagos pelas empresas

Vejamos agora quais são os principais tipos de impostos pagos pelas empresas no Brasil, em geral:

Programa de Integração Social PIS/PASEP: a empresa realiza mensalmente o pagamento do PIS/PASEP em uma conta no fundo no nome de cada colaborador, essa contribuição não é deduzida do empregado.

Imposto Sobre Serviços (ISS): é considerado um dos mais complexos, ficando sob responsabilidade dos municípios definir suas regras, isenção e alíquotas variáveis de 2% a 5%.

Contribuição ao INSS: o pagamento de INSS Patronal é obrigatório e [...] varia conforme o regime tributário da empresa, a contribuição previdenciária paga pelo empregador garante o acesso dos empregados e prestadores de serviços aos benefícios do INSS, como aposentadorias quanto auxílio-acidente, auxílio-doença, salário-família, salário-maternidade e pensão por morte.

COFINS: se trata de um tributo da esfera federal, incidente sobre a receita bruta das companhias e pessoas jurídicas [...] não é pago por micro e pequenas empresas enquadradas no regime tributário do Simples Nacional. A alíquota varia entre 3% a 7,6% cobradas sobre o faturamento bruto.

IRPJ: o Imposto de Renda Pessoa Jurídica é um tributo Federal [...] grande parte das empresas que estão com CNPJ ativo precisam fazer a contribuição do IRPJ, entretanto, podemos fazer a classificação de diferentes tipos de impostos dentro do próprio IRPJ, que irá se diferenciar de acordo com o enquadramento do seu negócio. (Marques, 2022, grifo do original)

Vale lembrar que, conforme comentamos anteriormente, o MEI tem uma carga tributária menor e pode recolher o imposto devido em um único documento, o Documento de Arrecadação do Simples Nacional (DAS), caso integre essa opção.

4.3 Organização, fluxograma e organograma

Algumas técnicas são muito importantes tanto para a organização de processos como para a de pessoas em uma empresa, independentemente de seu porte. Para a organização e sistematização dos processos organizacionais, podemos recorrer ao fluxograma e, quando se trata de pessoas, ao organograma.

Uma empresa pode ser composta por setores (marketing, financeiro, jurídico, compras etc.) ou, ainda, apresentar formatos inovadores – por exemplo, quando não há uma estrutura física em determinado local ou quando a organização tem escritório em uma cidade, mas os colaboradores prestam serviço em regime de *home office* em outras cidades. O empreendedor é o responsável por estabelecer como será feita essa organização, devendo-se lembrar que esta certamente será diferente a depender da empresa.

∴ 4.3.1 O que é fluxograma

Um fluxograma representa as etapas de determinado processo. Ele transmite informações por meio de imagens e/ou ilustrações em sequência. Para exemplificar seu funcionamento, podemos pensar em um jogo de futebol, no qual os jogadores vão trocando passes até chegarem ao objetivo final, que é marcar um gol.

Transpondo esse exemplo para o nosso universo, vamos imaginar como é o processo de solicitação de um pedido em uma empresa, especificamente no caso do ofício dos profissionais de *social media*. Essa atividade tem um fluxo de trabalho, um passo a passo, que segue as etapas de planejamento e criação, de aprovação com o cliente e, por fim, de agendamento e monitoramento das publicações – apenas com relação ao período de produção. Você consegue visualizar esse processo? Observe, na Figura 4.3, essa situação ilustrada em um fluxograma simples.

Figura 4.3 – Fluxograma

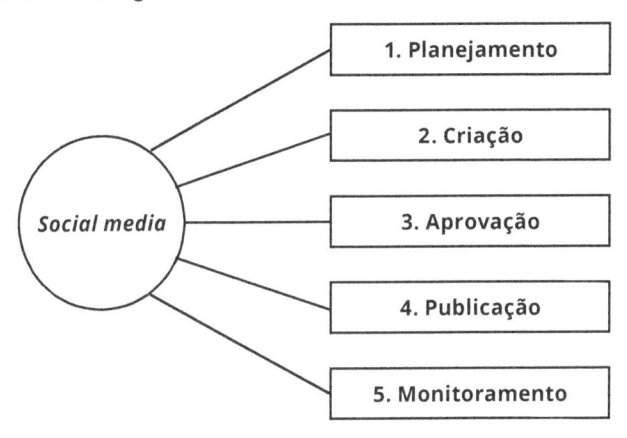

```
                    ┌──────────────────┐
                   ─┤ 1. Planejamento  │
                  / └──────────────────┘
                 /  ┌──────────────────┐
                /  ─┤ 2. Criação       │
     ╭─────╮   /   └──────────────────┘
    │Social│──┼──  ┌──────────────────┐
    │media │   \  ─┤ 3. Aprovação     │
     ╰─────╯    \  └──────────────────┘
                 \ ┌──────────────────┐
                  ─┤ 4. Publicação    │
                  \└──────────────────┘
                   \┌──────────────────┐
                   ─┤ 5. Monitoramento │
                    └──────────────────┘
```

Dessa forma, podemos entender que há um fluxo de informações a ser seguido, o que poderá garantir a efetividade e a assertividade das tarefas envolvidas, como se fosse, de fato, um passo a passo, com etapas previamente definidas e listadas. Cada uma dessas etapas deverá receber um prazo para ser cumprida. Uma vez que a tarefa inicial é finalizada, segue-se adiante, para a execução da próxima tarefa, e assim sucessivamente. No início, essas etapas podem parecer um pouco complexas, porém, depois que se estabelece uma rotina de fluxo de informações, um padrão, elas deverão fluir quase que de maneira espontânea, pois os envolvidos terão ciência, experiência prévia na execução de seus papéis, bem como vivência em momentos decisivos de atuação profissional durante o prosseguimento do fluxo de informações.

∴ 4.3.2 O que é organograma

Basicamente, um organograma consiste em uma representação visual que busca demonstrar a organização hierárquica da composição de uma empresa, expondo as relações travadas entre os diferentes setores. Trata-se de um "gráfico da estrutura hierárquica de uma organização social complexa, que representa simultaneamente os diferentes elementos do grupo e as suas ligações" (Organograma, 2009).

Observe na Figura 4.4, a seguir, um exemplo de modelo de **organograma vertical**, um dos modelos mais populares nas organizações.

Figura 4.4 – Modelo de organograma da corporação

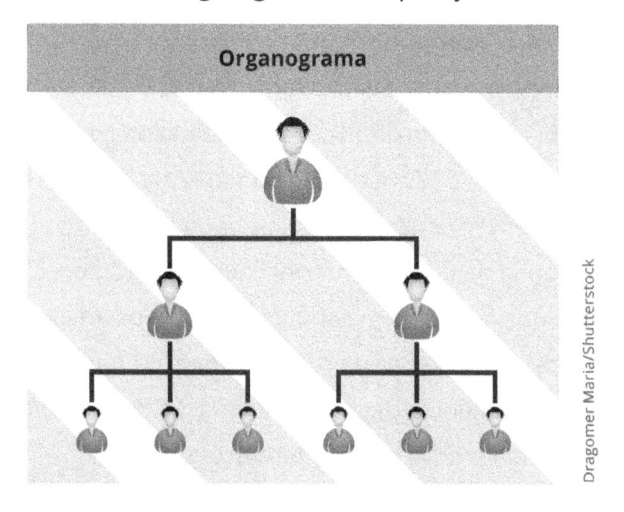

Dragomer Maria/Shutterstock

No topo do organograma está o diretor executivo – do inglês *Chief Executive Officer* (CEO) – da empresa, responsável por tomar as decisões que representam os interesses dos acionistas. Logo abaixo estão os coordenadores, seguidos dos analistas. Esse é um exemplo de uma estrutura hierárquica de equipes nos respectivos setores, a qual pode variar muito conforme a organização. Você poderá adaptar seu organograma de acordo com o número de colaboradores e as funções existentes em sua empresa. Acompanhando o crescimento da empresa, o organograma também deverá ser ampliado, assim como novos cargos e novas posições serão criados dentro da organização.

Para finalizar, observe o que nos ensina Dornelas (2021, p. 137) acerca do organograma:

> Um organograma funcional da empresa pode ser apresentado, com destaque para as principais áreas de negócio e as pessoas chave que ocupam os principais cargos, suas responsabilidades e atribuições, bem como o número de funcionários que precisam coordenar. É interessante ainda mostrar como essa estrutura evoluirá nos próximos anos e quais áreas serão criadas ou extintas, se o número de funcionários vai aumentar, se há a intenção de terceirizar algum setor etc.

Após todas as considerações expostas neste capítulo, por que você não aproveita para elaborar um rascunho de como seria o organograma de sua empresa? Temos certeza de que você já está apto para isso.

Síntese

Neste capítulo, tratamos dos tipos societários, dos portes e dos regimes tributários nos quais uma empresa pode se enquadrar. Observamos que há diferenças entre esses elementos, embora os empreendedores em geral costumem confundi-los. Além disso, explicamos brevemente em que consistem as categorias de Microempresa (ME), Microempreendedor Individual (MEI) e Empresa de Pequeno Porte (EPP). Também abordamos os impostos que recaem sobre as empresas, destacando os diversos tipos existentes no Brasil.

Questões para revisão

1. O que é MEI e quais são suas vantagens?

2. Explique quais são os tipos societários, os portes e os regimes tributários nos quais uma empresa pode se enquadrar.

3. Acerca da arrecadação de impostos no Brasil, o que significa a sigla ISS?
   a) Imposto sobre Serviços.
   b) Imposto do Sistema.
   c) Imposto de Serviço Social.
   d) Imposto Social Sustentável.
   e) Imposto sobre os Serviços do Sistema.

4. Quais são os regimes tributários praticados no Brasil?
   a) Regime Burocrático e Regime Democrático.
   b) Lucro Incessante e Lucro Mínimo.

c) Simples Nacional, Lucro Presumido e Lucro Real.
d) Lucro Presumido e Lucro Real.
e) Lucro Incessante, Lucro Real e Simples Nacional.

5. A respeito do organograma organizacional, analise as proposições a seguir e marque (V) para as verdadeiras e (F) para as falsas:
   ( ) Liderança moral por parte dos gerentes.
   ( ) Alta qualificação técnica dos gerentes.
   ( ) Estrutura hierárquica.
   ( ) Organização dos colaboradores em seus setores.
   ( ) O modelo vertical é um dos mais populares.

   Agora, assinale a alternativa que corresponde à sequência correta:
   a) V, V, V, F, F.
   b) F, V, V, F, F.
   c) F, F, V, V, V.
   d) V, F, F, F, V.
   e) F, V, F, V, V.

Questões para reflexão

1. Reflita sobre a importância de compreender em que consistem os tipos societários, bem como os portes e os regimes tributários disponíveis para as empresas. Você já definiu esses aspectos em relação à sua empresa?

2. Neste capítulo, comentamos que o Brasil se encontra na 30ª posição no *ranking* do Índice de Retorno e Bem-Estar Social (Irbes). Qual é seu entendimento com relação à quantidade, à classificação e à distribuição dos impostos no Brasil?

Capítulo
05

Habilidades, competências e a arte de descobrir talentos

Conteúdos do capítulo:

- O que é empreendedorismo.
- O que é espírito empreendedor.
- Vantagens do empreendedorismo.

Após o estudo deste capítulo, você será capaz de:

1. entender o conceito de empreendedorismo;
2. associar o empreendedorismo a negócios na área de comunicação;
3. tomar decisões.

5.1 Empreendedorismo

Para propor um negócio na área de comunicação, é preciso ter uma ideia útil e inovadora, assim como um conhecimento específico da atividade a ser oferecida no mercado. Também se faz necessário desenvolver habilidades e competências em gerenciamento de negócios.

O ato de empreender consiste em **traçar um objetivo, seguir em frente em busca de um sonho**, mesmo **correndo riscos**. Conforme Chiavenato (2021, p. 1), empreendedorismo é

> O processo pelo qual indivíduos com ideias inovadoras perseguem oportunidades mesmo sem ter a totalidade dos recursos de que necessitam para aproveitá-las. A essência do comportamento empreendedor é a identificação de oportunidades e a criação de ideias úteis e inovadoras para transformá-las em realidade. As tarefas adequadas para esse comportamento empreendedor podem ser realizadas por um só indivíduo ou por um grupo ou equipe, mas sempre requerem criatividade,

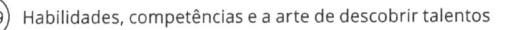

impulso, iniciativa própria e uma sólida vontade de assumir riscos e imprevistos em um mundo em constante mudança e transformação pela frente.

Já para Fialho (2006, p. 26),

empreendedorismo nada mais é do que a capacidade de criação, por meio do estabelecimento de objetivos e obtenção de resultados positivos. É a materialização de um sonho, de uma imagem mental. O objetivo a ser atingido origina-se na visão sistêmica que se destrincha na intenção dos atos do empreendedor. E os resultados surgem a partir da ação criativa, persistente e focada nos objetivos.

Portanto, o empreendedorismo está relacionado à coragem e ao destemor. Especificamente no caso do empreendedor em comunicação, podemos dizer que também a ousadia é um elemento característico de comunicadores.

Um empreendedor precisa ter essas qualidades, uma que vez que empreender significa desafiar-se para alcançar um objetivo. Obviamente, se pensarmos em termos de realização, todos nós somos empreendedores, pois realizamos feitos ao longo de nossa vida. Mas, neste momento, estamos nos referindo ao sentido empresarial, a alguém que é capaz de realizar e desafiar os outros a agir da mesma forma.

Um empreendedor tem uma ideia e traz consigo pessoas que acreditam nela e que seguem com ele para atingirem um objetivo. Trata-se de um tipo de realização coletiva, já que o empreendedor não faz nada sozinho. O que difere a realização empreendedora de uma individual são as pessoas e os propósitos envolvidos, ou seja, não há como empreender sem propósito.

∴ 5.1.1 Espírito empreendedor

Na sequência, vamos apresentar alguns conceitos elaborados por diferentes autores acerca do que vem a ser *espírito empreendedor*.

Para Chiavenato (2021, p. 9), o espírito empreendedor se caracteriza por "fazer as coisas acontecerem, pois é dotado de forte sensibilidade para os negócios, tino financeiro e capacidade de identificar e aproveitar oportunidades ambíguas, nem sempre claras e definidas".

Já de acordo com Torres (2022a), o "espírito empreendedor vai além da criatividade. Ele pode ser compreendido como a capacidade de inovar e buscar soluções para os problemas. Pensar e agir dessa forma tem de ser um comportamento constante na vida do empresário, não só uma aptidão desenvolvida na criação do negócio".

Por fim, conforme exposto por Dornelas (2021, p. xvi), é "notório o espírito empreendedor do brasileiro, mas é preocupante o fato de muitos destes que têm iniciativa tentarem empreender achando que vontade e sorte são os ingredientes principais para a geração de grandes negócios".

∴ 5.1.2 Vantagens e desvantagens do empreendedorismo

A seguir, no Quadro 5.1, observe algumas das vantagens e desvantagens de empreender.

Quadro 5.1 – Vantagens e desvantagens do empreendedorismo

Vantagens	Desvantagens
Trabalhar com o que gosta.	Ter de pagar os impostos de seu negócio.
Poder aprender sempre com seus erros e acertos.	Insegurança quanto ao futuro do negócio.
Sentir a satisfação de ter alcançado seus objetivos.	Correr riscos.
Ter autonomia para decidir.	Lidar com problemas de funcionários e clientes.
Gerar emprego e renda.	Custos com mão de obra.
Orgulhar-se de tudo o que foi construído ao longo do tempo.	Assumir sozinho as frustrações e os fracassos.

Fonte: Elaborado com base em Sebrae-SP, 2014.

Analisando o quadro, podemos perceber que "nem tudo são flores" no que diz respeito ao empreendedorismo. Há muito trabalho por trás de um negócio bem-sucedido. Entre as vantagens relacionadas ao ato de empreender estão a satisfação e a autonomia, além da possibilidade de gerar emprego e renda. Já entre as desvantagens, podemos citar a insegurança, os riscos e os custos.

No entanto, o importante é que você pondere sobre as observações que listamos, coloque-as na balança e identifique aquelas que mais se aproximam de seu perfil. Desse modo, será possível verificar se, de fato, você tem o espírito empreendedor.

Muitas vezes, tendemos a pensar que o empreendedor é aquele profissional que se deu bem ou que teve sorte. Mas não é bem assim, pois há muito mais problemas a serem resolvidos e grandes batalhas pela frente do que dias de glória. Aliás, talvez este seja um dos grandes pontos a serem desmistificados: a ideia de que o ato de empreender é fácil. Como em tudo que faz parte da vida, no empreendedorismo também existem prós e contras, ou seja, vantagens e desvantagens. Portanto, caberá a você associá-las às suas preferências e escolhas.

∴ 5.1.3 Empreendedorismo e jornalismo

Na área de comunicação, empreender nunca foi tão necessário. Nos últimos anos, certamente você ouviu algo como: "Está difícil encontrar uma vaga ou um emprego na área do jornalismo" ou "O jornalismo apresenta poucas possibilidades de atuação no mercado". Mas isso não é verdade.

Se pensarmos que o sonho de todo jornalista iniciante é ser repórter e/ou apresentador de TV, talvez o mercado realmente seja um pouco mais escasso. Entretanto, há muitas outras opções interessantes. Isso porque a profissão de jornalista não se restringe apenas aos exemplos citados.

Na área de comunicação, tudo está em constante mudança. Há pouco tempo, os jornalistas passaram a dispor de novas possibilidades para exercer suas atividades. Basta pensar: Se existem milhares de empresas dos mais diversos segmentos no Brasil, quantas delas precisam de profissionais da área de comunicação – por exemplo, um assessor de imprensa, que seja jornalista por formação e tenha experiência no mercado? Quantas delas necessitam de um profissional de texto para seus *sites* e suas páginas institucionais nas redes sociais?

Muitas dessas organizações contratam outras empresas para a prestação de serviços, ou seja, agências. Isso por si só já indica a importância de você ter seu próprio negócio, sua própria agência, que pode ser de assessoria de imprensa, de comunicação ou até mesmo de produção de conteúdo. Em outras palavras, seja você o prestador de serviço!

Várias organizações que recorrem a esse tipo de prestação de serviço são de pequeno e/ou médio porte. Por ainda estarem em desenvolvimento, não têm grandes verbas. Logo, elas precisam contratar empresas menores, ainda em desenvolvimento, e você pode entrar nesse mercado.

Se você já atuou em uma grande empresa, sabe quais são as brechas a serem preenchidas e o que tem de ser feito para que determinado serviço seja diferente dos demais. Certamente já se deparou com algo que pode e deve ser melhorado, não é mesmo? Ou seja, você já tem alguma experiência.

Em entrevista concedida em 2021 para a Rádio Uninter e a Central de Notícias Uninter (CNU), o jornalista Guilherme Rivaroli explicou a relação do jornalismo com o empreendedorismo.

Na entrevista indicada, considerou-se o contexto do período, em que, segundo dados do IBGE, 14,4 milhões de brasileiros ainda se encontravam desempregados no país, embora a taxa de desemprego tenha recuado 14,1% no segundo trimestre de 2021 (Geronasso, 2021). Também é enfatizado que, nesse período, aumentou a taxa de trabalhadores informais. Conforme ressaltado, os "dados refletem com rigor os desafios que foram impostos pela pandemia causada pelo novo coronavírus" (Geronasso, 2021). Diante desse contexto, destaca-se que, no Brasil, são nesses momentos de dificuldade, quando os indivíduos se veem sem outras alternativas de sobrevivência, que nasce a necessidade de empreender. Considerando essa perspectiva, confira, a seguir, a entrevista concedida por Rivaroli.

Empreender na comunicação: Guilherme Rivaroli diz como fazer a diferença

Inovar através da criatividade, aproveitar movimentos sociais e econômicos, encontrar oportunidades. Mas, afinal, o que é empreender e como podemos colocar a mão na massa para concretizar uma ideia, um sonho ou até mesmo um projeto social?

Muito se engana quem acha que empreender é somente abrir um negócio, ou mesmo uma pequena empresa. Verificar as possibilidades, analisar problemas e oportunidades pode se tornar algo útil para uma sociedade, gerando impacto positivo em muitas pessoas.

Por meio da criatividade podemos mudar a realidade, mas para isso é extremamente importante analisar o mercado em que se está entrando e pensar sobre como se colocar nele. O empreendedor faz parte das dinâmicas de mudança na sociedade. Uma entidade que conhece bem esse cenário e apoia e capacita pessoas interessadas em inovar é o **Sebrae**.

"Bom senso não pode ser confundido com autocensura. A gente se censura demais e todos os empreendedores com os quais falei dizem a mesma coisa: não tenha medo de errar. Eu errei muito antes de acertar, mas só acertei porque errei muito", diz Guilherme Rivaroli, egresso do curso de **Jornalismo** da **Uninter** e apresentador do programa **Paraná no Ar**, da RIC Record TV em Curitiba (PR).

[...]

Entender a necessidade do meu cliente, diferenciar o que eu faço dos outros, são atitudes que podem gerar um conhecimento e valor agregado à marca, além do lucro. É preciso ainda saber olhar o futuro do trabalho, que discute novas tecnologias e novos empreendedores. "Usar o que está inventado de formas diferentes, esse é o pulo do gato", afirma Rivaroli.

No jornalismo é necessário sempre inovar, mas lembrando que nunca devemos passar dos limites cívicos, jurídicos e morais. Somos desafiados todos os dias a fazer diferente. "Nunca um programa que apresento é igual ao outro", comenta

> o jornalista. Ele destaca que sua profissão pode ser reinventada todos os dias.
>
> "Empreender na profissão não é somente estar nas redes. É fazer a diferença na vida das pessoas. Agregar um pouco na formação de cada um que me assiste, trazer sempre aquele algo mais", conclui Rivaroli.

Fonte: Geronasso, 2021, grifo do original.

5.2
Perfil criativo e perfil empreendedor

Nesta seção, vamos analisar as características de um profissional com um perfil empreendedor e as de um profissional com perfil criativo, bem como as diferenças entre eles. No entanto, vale a pena reforçar que todos nós podemos desenvolver novas habilidades e aprimorar aquelas que já temos.

∴ 5.2.1 Perfil criativo

Como já comentamos, a criatividade faz parte do processo de empreender. O empreendedor deve sempre estar atento a tudo e a todos em volta, ou seja, estar "antenado". Nesse sentido, contar com informações acerca de diversos temas é importante, pois, para exercer e estimular a criatividade, é preciso ter muita atenção ao que acontece no mundo. Ora tais eventos serão pertinentes, relativamente próximos ao negócio, ora serão mais distantes, mas ainda assim poderão ser úteis para as tomadas de decisão sobre o futuro da organização. Por isso, é fundamental antecipar-se, estar à frente dos concorrentes.

A criatividade pode ser exercida ao longo de toda a vida e, até mesmo, tornar-se uma característica íntima de uma pessoa. De acordo com Predebon (2013, p. 12), o comportamento criativo "é produto de uma visão de vida, de um estado permanente de espírito, de uma verdadeira opção pessoal de como desempenhar um papel no mundo. Essa base mobiliza no indivíduo seu potencial imaginativo e desenvolve suas competências além da média, nos campos dependentes da criatividade".

Uma das formas mais conhecidas de exercitar a criatividade é por meio do *brainstorming* (em tradução literal, "tempestade de ideias"), em que os participantes trazem à tona o que lhes vier à mente a respeito do tema discutido.

Conforme Dornelas (2021), as regras para a prática do *brainstorming* são:

- Não convém criticar outras pessoas do grupo, pois todos são livres para externar as ideias que acharem pertinentes, ainda que pareçam absurdas.
- Quanto mais rodadas forem praticadas pelo grupo, melhor será para a geração de um maior número de ideias.
- As sugestões dadas podem ser baseadas nas de outras pessoas. Tais combinações são interessantes e podem originar bons resultados.
- A sessão deve ser divertida e nenhum participante deve dominá-la. Todos, sem restrições, devem participar.

∴ 5.2.2 Perfil empreendedor

O empreendedor precisa administrar não apenas as questões burocráticas e rotineiras de uma empresa, mas também as informações, a equipe, o próprio tempo, as questões éticas, as relações com as pessoas, a vida pessoal, os contatos etc. Ao longo da jornada empreendedora, diversas competências serão necessárias e em momentos distintos.

No começo, será preciso desenvolver um pouco mais a criatividade e a ousadia para, de fato, correr o risco de empreender, arriscar-se naquilo em que se acredita. Depois, outras posturas serão exigidas. Conforme o negócio cresce, o gestor precisa se adaptar, tal como se tivesse de exercer diferentes papéis. Entre as características que mais se esperam do empreendedor, podemos citar: **determinação, comprometimento, persistência, saber definir metas** e **ser persuasivo**, bem como **autoconfiança, autonomia, autoconhecimento, autocontrole** e **equilíbrio pessoal**.

Considerando todas essas características e o entendimento de Schneider e Castelo Branco (2012), podemos dizer que o empreendedor deve ser sistemático em termos de conteúdo, comportamento e aprendizagem:

- **Conteúdo**: é preciso buscar por inovação, oportunidades de negócio ou de crescimento nos negócios já existentes, com o objetivo de melhorar processos e/ou produtos e serviços.
- **Comportamento**: trata-se de trabalhar em equipe, de eliminar barreiras e de demonstrar paixão pelo negócio.
- **Aprendizagem**: refere-se à disposição para aprender, à postura de estar aberto a novas formas de pensar e agir.

Para saber mais

Em matéria publicada na revista *Exame*, Isabel Rocha (2021) apresenta uma lista de cinco características importantes para o empreendedor de sucesso. Confira-as no *link* a seguir:

ROCHA, I. Estas são as cinco características dos empreendedores de sucesso. **Exame**, 24. set. 2021. Disponível em: <https://exame.com/pme/caracter isticas-do-empreendedor-de-sucesso/>. Acesso em: 5 ago. 2022.

Saiba mais sobre como elaborar um *pitch* interessante acessando o seguinte *link*:

SPINA, C. **Como elaborar um pitch (quase) perfeito**. 4 maio 2022. Disponível em: <https://endeavor.org.br/dinheiro/como-elaborar-um-pitch-quase-perfeito/>. Acesso em: 18 out. 2022.

5.3
A prospecção

"Precisamos prospectar esse cliente!". Você certamente já ouviu essa frase. Talvez prospectar seja uma das tarefas mais "difíceis" para o empreendedor da área de comunicação, pois é o momento em que ele precisa identificar aquele cliente em potencial e buscá-lo, ou seja, trazê-lo para compor a carteira de clientes da agência ou empresa. É a hora de "vender o peixe", de falar sobre a organização e apresentar o que ela faz e de que modo, além de, obviamente, mostrar ao cliente o quanto ele precisa de você. Trata-se de convencê-lo de que sua agência é a ideal, perfeita para atendê-lo em tudo o que for necessário.

Caso você esteja iniciando sua carreira, muito provavelmente você mesmo fará a tarefa de prospectar clientes, pois ainda não terá uma equipe específica para isso. Mas, conforme a empresa for se desenvolvendo e crescendo, haverá a necessidade de contratar e capacitar uma equipe de prospecção, isto é, de vendas, de relacionamento com os clientes. Chamamos de *profissional de atendimento* a quem exerce essa função, a qual é vista como essencial e de muita relevância nas agências de publicidade e propaganda.

Sem dúvida, esse profissional deverá ter conhecimentos e habilidades específicas e primordiais para realizar determinadas tarefas com o sucesso esperado. Ainda, terá de ser suficientemente resiliente e articulado para entender quando o cliente tem razão. Essa atividade requer muita dedicação, estudos, conhecimento técnico e prático e realizações, as quais garantirão ou não a contratação de um cliente para a empresa.

A área de uma agência de publicidade e propaganda ou de marketing digital responsável por atender os clientes é o atendimento. Nesse caso, trata-se de satisfazer o consumidor, ouvi-lo, dar-lhe atenção, responder positivamente a determinadas expectativas, além de compreender o que o cliente deseja e espera em relação a sua marca, produto ou serviço.

Para além do profissional da função, atender é, acima de tudo, uma atividade que, ao ser realizada com maestria pelo seu executor, garantirá o sucesso da empresa.

Diante disso, é importante ressaltar que o fato de prospectar ou atender não consiste em realizar tudo aquilo que o cliente solicita, e sim interpretar assertivamente o que é solicitado. Ou seja, é preciso levar adiante uma mensagem de modo a orientar as demais áreas do negócio, como criação, planejamento, mídia e produção, para que também possam executar assertivamente suas atividades e funções. É igualmente necessário entender e avaliar os consumidores e seus perfis de consumo, conhecer o mercado de atuação do anunciante e suas tendências, bem como estudar relatórios e pesquisas.

Vale citar que a área de atendimento pode existir em outros ambientes que não apenas em uma agência de publicidade e propaganda ou de marketing digital – como em um veículo de comunicação. A diferença é que, nesse contexto, o profissional será nomeado como *executivo de contas*, a quem caberá atender às agências. Responsáveis pelas contas de seus anunciantes, essas agências se reúnem com o setor de atendimento para a compra e a programação de comerciais. Esse mesmo cargo, em uma agência profissional, é denominado *atendente publicitário*.

Além disso, é função do profissional de prospecção e atendimento relacionar-se com o cliente. Isso parece fácil? Acompanhar, conversar, conhecer, conviver, interagir, corresponder, familiarizar-se com o consumidor, levantar as informações necessárias e pertinentes para o desenvolvimento de uma ação ou a produção de conteúdo ou campanha, concentrá-las para posteriormente avaliá-las e direcioná-las internamente na agência... Isto é, não basta ser um intermediário.

De acordo com Sant'Anna, Rocha Júnior e Garcia (2016, p. 334), "o profissional de atendimento não se limita a ser apenas um intermediário; muito pelo contrário, é um verdadeiro orientador do jogo, que conhece os principais fundamentos da comunicação e as principais características dos mercados onde as marcas ou os produtos atuam". Seu comportamento deve ser adaptável a cada perfil de cliente. Em outras palavras, é de responsabilidade do setor de atendimento promover o início de uma nova conta, ou seja, a prospecção de novos clientes.

∴ 5.3.1 As tarefas do profissional de prospecção e atendimento em uma agência

Imagine que sua empresa já conta com um profissional contratado especificamente para efetuar a prospecção e o atendimento dos clientes. Como empreendedor/administrador, você também precisa dominar esse processo. A seguir, abordaremos as tarefas que envolvem essa prática.

Na agência, o atendimento dá início ao processo de desenvolvimento dos *jobs* e faz os direcionamentos necessários. Acompanhe um passo a passo que apresenta a rotina usual das atividades relacionadas a essa área:

- administrar as contas desde o início: da prospecção, do contato inicial e do primeiro contato com o cliente até a apresentação dos resultados de uma campanha, conteúdo ou ação, ou seja,

trata-se de defender as ideias de campanhas da agência para o cliente;
- cadastrar e manter um histórico do cliente;
- desenvolver *briefings*;
- formular os pedidos de serviços internos – abrir os *jobs*;
- elaborar relatórios de visitas e aplicar as informações acordadas com os clientes (como sugestões apresentadas, aprovações, alterações, prazos e demais considerações);
- agendar reuniões com as equipes de planejamento, criação, mídia e produção para definir a estratégia de comunicação a ser adotada para cada cliente/campanha/ação;
- marcar reuniões, almoços e cafés com clientes;
- estabelecer cronogramas, revisar e acompanhar as entregas de peças, *posts*, vídeos e demais materiais;
- fazer pesquisas;
- realizar *benchmarking*;
- promover o *follow-up* dos trabalhos;
- respeitar e seguir as normas da empresa.

5.4
Habilidades e competências

Até certo tempo, ouvíamos falar no acrônimo CHA, referente aos conceitos de competências, habilidades e atitudes. Posteriormente, passou-se a falar em CHAVE, formado com o acréscimo dos conceitos de valores e experiências.

Podemos classificar as **habilidades** necessárias ao empreendedor em técnicas, gerenciais e pessoais, assim descritas:

- **Técnicas**: envolvem, por exemplo, saber escrever, ouvir e absorver informações; ter boa oratória e organização; liderar equipes e ter conhecimento técnico na área de atuação.
- **Gerenciais**: incluem as diversas áreas atuantes na concepção, no desenvolvimento e na gestão do novo negócio – administração, marketing, finanças etc.
- **Pessoais**: implicam assumir riscos, ser disciplinado, persistente e visionário, além de manter a mente aberta.

Dornelas (2021, p. 26) ainda acrescenta alguns mitos sobre os empreendedores, entre os quais vamos destacar três:

Mito 1: Empreendedores são natos, nascem para o sucesso.

Realidade:

- Enquanto a maioria dos empreendedores nasce com certo nível de inteligência, empreendedores de sucesso acumulam habilidades relevantes, experiências e contatos com o passar dos anos.

- A capacidade de ter visão e perseguir oportunidades aprimora-se com o tempo.

Mito 2: Empreendedores são "jogadores" que assumem riscos altíssimos.

Realidade:

- Assumem riscos calculados.
- Evitam riscos desnecessários.
- Compartilham riscos.
- Dividem o risco em "partes menores".

Mito 3: Empreendedores são "lobos solitários" e não conseguem trabalhar em equipe.

Realidade:

- São ótimos líderes.
- Criam equipes.

Por sua vez, as **competências** dizem respeito às características que podem ser desenvolvidas por meio da capacitação e/ou de vivências anteriores. Isso significa que elas podem ser aprendidas.

No caso do empreendedor, este terá de trabalhar as próprias competências para desenvolver o negócio e, ao mesmo tempo, precisará aprimorar as competências dos colaboradores contratados. É sua função, portanto, gerenciar recursos e competências. Segundo Chiavenato (2021, p. 150),

> Como os recursos são inertes e estáticos, eles requerem competências para permitir a sua plena utilização e o alcance de resultados satisfatórios. Ao contrário dos recursos que são ativos tangíveis, inertes, estáticos e uniformes, as competências constituem ativos intangíveis e invisíveis. Elas estão na

cabeça e nos comportamentos e atitudes das pessoas que constituem a equipe que deverá integrar o empreendimento, e compete ao empreender saber selecioná-las, prepará-las, motivá-las e liderá-las. Além de conhecer o mercado, conhecer o produto/serviço que irá produzir e oferecer, a clientela que servirá, o empreendedor também precisa saber como liderar o empreendimento e as pessoas que irão trabalhar com ele. O empreendedor também precisará funcionar como um gestor.

Entre as atribuições necessárias ao empreendedor está a gestão da equipe, da produção, do marketing e das finanças. Mas quais seriam as principais competências empreendedoras?

- **Iniciativa**: o empreendedor se antecipa, é proativo e aproveita oportunidades.
- **Persistência**: o empreendedor não desiste, enfrenta obstáculos para atingir objetivos previamente estabelecidos.
- **Comprometimento**: o empreendedor cumpre suas promessas, mesmo em meio a adversidades.
- **Persuasão**: o empreendedor influencia pessoas e se relaciona com aquelas que possam auxiliá-lo no desenvolvimento do negócio.
- **Independência**: o empreendedor tem autonomia, decide e age brevemente.
- **Autoconfiança**: o empreendedor age confiante em sua capacidade; é otimista.

Síntese

Neste capítulo, evidenciamos o que é empreendedorismo e o que significa ter um espírito empreendedor. Vimos quais são as diferenças entre o perfil empreendedor e o perfil criativo e apresentamos as características que tornam um empreendedor bem-sucedido, incluindo suas habilidades e competências.

Questões para revisão

1. O que é empreendedorismo?

2. O que é espírito empreendedor?

3. Considerando as tarefas do profissional de prospecção e atendimento, analise as proposições a seguir e marque (V) para as verdadeiras e (F) para as falsas:
   ( ) Elaborar *briefings*.
   ( ) Produzir relatórios de visitas.
   ( ) Cadastrar e manter o histórico do cliente.
   ( ) Vender produtos tangíveis.
   ( ) Formular os pedidos de serviços internos.

   Agora, assinale a alternativa que corresponde à sequência correta:

   a) V, V, V, F, V.
   b) F, V, F, F, F.
   c) F, F, V, V, V.
   d) V, V, F, F, V.

e) F, F, F, F, V.

4. Conforme vimos neste capítulo, quais são as palavras que correspondem ao acrônimo CHAVE?
   a) Capacidades, habilidades, atribuições, valores e experiências.
   b) Capacidades, habilidades, atitudes, visão e experiências.
   c) Capacidades, habilidades, atitudes, valores e experiências.
   d) Competências, habilidades, atitudes, valores e experiências.
   e) Competências, humor, adaptabilidade, verificação e experimentação.

5. Para exercer a prática do empreendedorismo, são necessárias algumas competências, as quais destacamos ao longo desta obra. Entre as principais competências essenciais estão as seguintes:
   a) Iniciativa, persistência, comprometimento, persuasão, independência, autoconfiança.
   b) Iniciativa, persistência, fidelidade, persuasão, dependência, autoconfiança.
   c) Comodidade, persistência, fidelidade, persuasão, independência, autoconfiança.
   d) Comodidade, persistência, comprometimento, conhecimento técnico, independência, autoconfiança.
   e) Iniciativa, desistência, comprometimento, conhecimento técnico, independência, autoconfiança.

Questões para reflexão

1. Com base no que foi discutido neste capítulo, você se considera apto a agir como um empreendedor? Você entende que tem as habilidades e competências necessárias para empreender?

2. Leia as cinco características dos empreendedores de sucesso, elencadas por Isabel Rocha (2021), e associe-as ao seu perfil empreendedor. Em seguida, identifique quais são suas características empreendedoras e, depois, avalie quais delas você precisa aprimorar e como fazer isso adequadamente.

Considerações finais

Nosso objetivo ao escrever este livro foi demonstrar que todos podem ser empreendedores, porque *empreender* significa "realizar", e nós, profissionais da área de comunicação, somos realizadores, ou seja, fazemos acontecer. Frequentemente nos deparamos com o nada, mas sempre o transformamos em algo importante, que nos enche de orgulho. Apresente-nos uma folha em branco e faremos um belo texto; proponha-nos um desafio e ele será finalizado com sucesso. Então, podemos entender que, sim, já carregamos conosco muitos aspectos positivos relacionados ao empreendedorismo, e isso significa que estamos "no meio do caminho" para nos tornarmos empreendedores – basta ativarmos essa versão em nós mesmos. O importante é buscar desenvolver aquilo que precisa ser aprimorado.

Nesta obra, procuramos demonstrar que empreender faz parte de um momento na vida de um profissional. Se hoje você ainda não tem interesse em empreender, talvez, futuramente, isso possa vir a ocorrer. E esperamos ter fornecido subsídios suficientes para que você saiba por onde começar. Fomos treinados para compor equipes em grandes empresas, mas agora sabemos que podemos ser os donos dessas organizações e, com isso, garantir o oferecimento de oportunidades a muitas pessoas.

Nesse sentido, buscamos esclarecer os aspectos obscuros e confusos referentes à abertura de uma empresa. Imagine que, se já temos o domínio da comunicação, precisamos então preencher aquilo que nos falta – mais noções acerca de administração, de questões legais e burocráticas etc. Estamos certos de que, até a leitura desta obra, você não sabia com clareza em que consistem o porte, o tipo societário e o regime tributário de uma empresa, pois tendemos a confundir essas definições. Isso é bastante natural, uma vez que nossa *expertise* é a comunicação.

Assim, apresentamos diversas informações a respeito da abertura de empresas, assim como de impostos e planos de negócios, especificamente voltados para a comunicação. Nosso intuito foi abordar conteúdos que efetivamente possam ampliar seus conhecimentos sobre sua atividade atual.

Isso posto, esperamos que este livro desperte em você o espírito empreendedor e que, a partir de agora, você esteja atento a todas as oportunidades de novos negócios que estão ao seu redor. Desejamos que você chame para si as responsabilidades e assuma o protagonismo de sua história, pois ser empreendedor é isto: ser protagonista da própria vida profissional.

Referências

ALENCASTRO, M. S. C. **Ética empresarial na prática**: liderança, gestão e responsabilidade corporativa. 2. ed. Curitiba: InterSaberes, 2016.

ANDRADE, C. D. de. **Alguma poesia**. São Paulo: Companhia das Letras, 2013.

AVIS, M. C. **Marketing digital baseado em dados**. Curitiba: InterSaberes, 2021.

AVIS, M. C. **SEO de verdade**: se não está no Google, não existe. Curitiba: InterSaberes, 2019.

BANGS, D. H. **The Business Planning Guide**. Chicago: Upstart Publishing Company, 1998.

BIBLIOTECA FEAUSP. **Conheça nosso acervo**: série "Gente que Faz". 24 jul. 2014. Disponível em: <https://bibliotecafea.com/2014/07/24/conheca-nosso-acervo-gente-que-faz/>. Acesso em: 5 ago. 2022.

BRASIL. Empresas & Negócios. **Bem-vindo ao Portal do Empreendedor**. Disponível em: <https://www.gov.br/empresas-e-negocios/pt-br/empreendedor>. Acesso em: 5 ago. 2022a.

BRASIL. Empresas & Negócios. **O que você precisa saber antes de se tornar um MEI?** Disponível em: <https://www.gov.br/empresas-e-negocios/pt-br/empreendedor/quero-ser-mei/o-que-voce-precisa-saber-antes-de-se-tornar-um-mei>. Acesso em: 5 ago. 2022b.

BRASIL. Empresas & Negócios. **Quais as ocupações que podem ser MEI**. 8 out. 2021. Disponível em: <https://www.gov.br/empresas-e-negocios/pt-br/empreendedor/quero-ser-mei/quais-as-ocupacoes-que-podem-ser-mei>. Acesso em: 5 ago. 2022.

BRASIL. Serviços e Informações do Brasil. **Emitir DAS para pagamentos de tributos do MEI (DAS)**. 25 jul. 2022c. Disponível em: <https://www.gov.br/pt-br/servicos/emitir-das-para-pagamento-de-tributos-do-mei>. Acesso em: 5 jun. 2022.

BRASIL. Serviços e Informações do Brasil. **Inscrever ou atualizar CNPJ**. 25 jul. 2022d. Disponível em: <https://www.gov.br/pt-br/servicos/inscrever-ou-atualizar-cadastro-nacional-de-pessoas-juridicas>. Acesso em: 18 out. 2022.

BRIEFING. In: HOUAISS, A.; VILLAR, M. de S. **Dicionário Houaiss da língua portuguesa**. versão 3.0. Rio de Janeiro: Instituto Antônio Houaiss; Objetiva, 2009. 1 CD-ROM.

CARNEGIE, D. **Liderança**: como superar-se e desafiar outros a fazer o mesmo. Tradução de Emirson Justino. São Paulo: Companhia Editora Nacional, 2011.

CHIAVENATO, I. **Empreendedorismo**: dando asas ao espírito empreendedor. 5. ed. São Paulo: Atlas, 2021.

CHURCHILL JR., G. A.; PETER, J. P. **Marketing**: criando valor para os clientes. Tradução de Cecília Camargo Bartalotti e Cidd Knipel Moreira. São Paulo: Saraiva, 2000.

COBRA, M.; URDAN, A. T. **Marketing básico**. 5. ed. São Paulo: Atlas, 2017.

CRIATIVIDADE. In: HOUAISS, A.; VILLAR, M. de S. **Dicionário Houaiss da língua portuguesa**. versão 3.0. Rio de Janeiro: Instituto Antônio Houaiss; Objetiva, 2009. 1 CD-ROM.

CROCCO, L. et al. **Fundamentos de marketing**: conceitos básicos. 2. ed. São Paulo: Saraiva, 2010.

DOLABELA, F. **O segredo de Luísa**. São Paulo: Cultura Editores Associados, 1999.

DORNELAS, J. **Empreendedorismo**: transformando ideias em negócios. 8. ed. São Paulo: Empreende, 2021.

DORNELLES, S. M. G. **O campo de atuação de empresas que prestam serviços na área da comunicação**. Brasília: Intercom, 2006. Disponível em: <http://www.intercom.org.br/papers/nacionais/2006/resumos/R1569-1.pdf>. Acesso em: 21 out. 2022.

FERREIRA, A. B. de H. **Dicionário Aurélio da língua portuguesa**. 5. ed. Curitiba: Positivo, 2010.

FERREIRA JUNIOR, A. B.; RIEPING, M. **ITrends**: uma análise de tendências e mercados. Curitiba: InterSaberes, 2014.

FIALHO, F. A. P. **Empreendedorismo na era do conhecimento**. Florianópolis: Visual Books, 2006.

GERONASSO, M. Empreender na comunicação: Rivaroli diz como fazer a diferença. **Central de Notícias Uninter,** 1º set. 2021. Disponível em: <https://www.uninter.com/noticias/empreender-na-comunicacao-rivaroli-diz-como-fazer-a-diferenca>. Acesso em: 18 out. 2022.

GOOGLE TRENDS. Disponível em: <https://trends.google.com.br/trends/?geo=BR>. Acesso em: 18 out. 2022.

GRUPO GLOBO. **Paixão por comunicação, informação, diversão e cultura**. Disponível em: <https://grupoglobo.globo.com/>. Acesso em: 21 out. 2022.

GULARTE, C. **O que é CNPJ, o Cadastro Nacional da Pessoa Jurídica?** 3 jan. 2022. Disponível em: <https://www.contabilizei.com.br/contabilidade-online/o-que-e-cnpj>. Acesso em: 22 out. 2022.

GULARTE, C. **Quem não pode ser MEI?** Saiba o que fazer! 30 dez. 2021. Disponível em: <https://www.contabilizei.com.br/contabilidade-online/quem-nao-pode-ser-mei-saiba-o-que-fazer/>. Acesso em: 18 out. 2022.

HANDBOOK of Business Planning: BizPlan Builder Interactive. Mountain View: JIAN Tools, 1997.

HISRICH, R. D.; PETERS, M. P. **Entrepreneurship**. 4. ed. Boston: McGraw-Hill Education, 1998.

IBGE – Instituto Brasileiro de Geografia e Estatística. **API CNAE – Classificação Nacional de Atividades Econômicas**: API e documentação. Disponível em: <https://servicodados.ibge.gov.br/api/docs/CNAE?versao=2>. Acesso em: 21 out. 2022.

IBGE – Instituto Brasileiro de Geografia e Estatística; CONCLA – Comissão Nacional de Classificação. **Estrutura**: CNAE-Subclasses 2.3. Disponível em: <https://cnae.ibge.gov.br/?view=subclasse&tipo=cnae&versao=10.1.0&subclasse=7319004>. Acesso em: 21 out. 2022.

IMPOSTÔMETRO. Disponível em: <https://impostometro.com.br>. Acesso em: 4 nov. 2022.

INSIGHT. In: HOUAISS, A.; VILLAR, M. de S. **Dicionário Houaiss da língua portuguesa.** versão 3.0. Rio de Janeiro: Instituto Antônio Houaiss; Objetiva, 2009. 1 CD-ROM.

JS CONTADORES. **O que é preciso saber sobre regime de tributação?** 24 ago. 2022. Disponível em: <https://www.jscontadores.com.br/2022/08/24/o-que-e-preciso-saber-sobre-regime-de-tributacao>. Acesso em: 25 out. 2022.

JUCEPAR – Junta Comercial do Paraná. **Perguntas frequentes.** Disponível em: <https://www.juntacomercial.pr.gov.br/Pagina/Perguntas-Frequentes#6>. Acesso em: 18 out. 2022a.

JUCEPAR – Junta Comercial do Paraná. **Sugestão de modelos a serem utilizados para elaboração de documentos**: Instrumento de Inscrição de Empresário Individual – Celio Cezario Xavier: bebidas. Disponível em: <https://www.juntacomercial.pr.gov.br/sites/default/arquivos_restritos/files/migrados/File/sugestao/SUGESTAO_INSCRICAO_EI.pdf>. Acesso em: 18 out. 2022b.

JUCEPAR – Junta Comercial do Paraná. **Tabela de preços.** Disponível em: <https://www.juntacomercial.pr.gov.br/Pagina/Tabela-de-precos>. Acesso em: 5 ago. 2022c.

KANTAR IBOPE MEDIA. **Inteligência de mídia para as melhores tomadas de decisão.** Disponível em: <https://www.kantaribopemedia.com/intelligence/>. Acesso em: 18 out. 2022.

MALHOTRA, N. K. **Pesquisa de marketing**: uma orientação aplicada. Tradução de Nivaldo Montingelli Jr. e Alfredo Alves de Farias. 3. ed. Porto Alegre: Bookman, 2001.

MARQUES, V. **5 dos principais impostos pagos pelas empresas no Brasil.** 9 fev. 2022. Disponível em <https://www.jornalcontabil.com.br/5-dos-principais-impostos-pagos-pelas-empresas-no-brasil/>. Acesso em: 18 out. 2022.

MAXIMIANO, A. C. A. **Administração para empreendedores**: fundamentos da criação e da gestão de novos negócios. 2. ed. São Paulo: Pearson Prentice Hall, 2011.

MINUTOMEI. **Perguntas frequentes**. Disponível em: <https://www.minutomei.com.br/perguntas>. Acesso em: 25 out. 2022.

ORGANOGRAMA. In: HOUAISS, A.; VILLAR, M. de S. **Dicionário Houaiss da língua portuguesa**. versão 3.0. Rio de Janeiro: Instituto Antônio Houaiss; Objetiva, 2009. 1 CD-ROM.

ORLICKAS, E. **Modelos de gestão**: das teorias da administração à gestão estratégica. Curitiba: InterSaberes, 2012.

PAIXÃO, M. V. **Pesquisa e planejamento de marketing e propaganda**. Curitiba: InterSaberes, 2012.

PAVANI, C.; DEUTSCHER, J. A.; LÓPEZ, S. M. **Plano de negócios**: planejando o sucesso de seu empreendimento. Rio de Janeiro: Lexikon, 1997.

PIMENTEL, M. de O.; RODRIGUES, F. C. **Em pauta**: manual prático da comunicação organizacional. 2. ed. Curitiba: InterSaberes, 2018.

PIRES, A. **Atendimento publicitário**. Curitiba: Contentus, 2020.

PIRES, R. **Aprenda como ter um ótimo processo criativo em quatro etapas!** 5 mar. 2020. Disponível em: <https://rockcontent.com/br/blog/processo-criativo/>. Acesso em: 5 ago. 2022.

PREDEBON, J. **Criatividade**: abrindo o lado inovador da mente. 8. ed. São Paulo: Pearson Education do Brasil, 2013.

RAZZOLINI FILHO, E. **Empreendedorismo**: dicas e planos de negócios para o século XXI. Curitiba: InterSaberes, 2012.

ROCHA, I. Estas são as cinco características dos empreendedores de sucesso. **Exame**, 24. set. 2021. Disponível em: <https://exame.com/pme/caracteristicas-do-empreendedor-de-sucesso/>. Acesso em: 5 ago. 2022.

SANT'ANNA, A.; ROCHA JÚNIOR, I. R.; GARCIA, L. F. D. **Propaganda**: teoria, técnica e prática. 9. ed. São Paulo: Cengage Learning Brasil, 2016.

SCHNEIDER, E. I.; CASTELO BRANCO, H. J. C. **A caminhada empreendedora**: a jornada de transformação de sonhos em realidade. Curitiba: InterSaberes, 2012.

SEBRAE – Serviço Brasileiro de Apoio às Micro e Pequenas Empresas. **Tudo o que você precisa saber para criar o seu plano de negócio.** 9 ago. 2022. Disponível em: < https://www.sebrae.com.br/sites/PortalSebrae/artigos/como-elaborar-um-plano-de-negocionegocio,37d2438af1c 92410VgnVCM100000b272010aRCRD#:~:text=O%20que%20 %C3%A9%20um%20plano,de%20comet%C3%AA%2Dlos%20no%20 mercado>. Acesso em: 9 nov. 2022.

SEBRAE-SP – Serviço Brasileiro de Apoio às Micro e Pequenas Empresas de São Paulo. **O céu e o inferno do empreendedorismo**: empreendedorismo, tipos de empreendedores e as vantagens e desvantagens de empreender. 2014. Disponível em: <https://bibliotecas.sebrae.com.br/chronus/ARQUIVOS_CHRONUS/bds/bds.nsf/40a2b9846 00d699184cc8cb8ae4ecc47/$File/7756.pdf>. Acesso em: 18 out. 2022.

SIGNIFICADOS. **Significado de networking**. Disponível em: <https://www.significados.com.br/networking>. Acesso em: 21 out. 2022a.

SIGNIFICADOS. **Significado de stakeholders**. Disponível em: <https://www.significados.com.br/stakeholder>. Acesso em: 21 out. 2022b.

SOARES, G. **Planejamento para abertura de empresa**: o que é necessário e como montar um projeto. 30 dez. 2021. Disponível em: <https://www.contabilizei.com.br/contabilidade-online/planejamento-para-abertura-de-empresa/>. Acesso em: 5 ago. 2022.

SOLOMON, M. R. **O comportamento do consumidor**: comprando, possuindo e sendo. Tradução de Lene Belon Ribeiro. 9. ed. Porto Alegre: Bookman, 2011.

SOUZA, C. **Entrevista concedida a Aline Pires**. Curitiba, 19 mar. 2022.

SPINA, C. **Como elaborar um pitch (quase) perfeito**. 4 maio 2022. Disponível em: <https://endeavor.org.br/dinheiro/como-elaborar-um-pitch-quase-perfeito/>. Acesso em: 18 out. 2022.

TAVARES, M.; PLAZA, J. **Processos criativos com os meios eletrônicos**: poéticas digitais. São Paulo: Hucitec, 1998.

TORRES, V. **8 características de um empreendedor**: aprenda como desenvolvê-las. 11 nov. 2022a. Disponível em: <https://www.contabilizei.com.br/contabilidade-online/caracteristicas-de-um-empreendedor>. Acesso em: 4 nov. 2022.

TORRES, V. **Como abrir uma empresa em 2022**: passo a passo completo. 11 out. 2022b. Disponível em: <https://www.contabilizei.com.br/contabilidade-online/como-abrir-empresa/>. Acesso em: 18 out. 2022.

TORRES, V. **Entenda quais são os tipos de empresas para abrir no Brasil**. 11 out. 2022c. Disponível em: <https://www.contabilizei.com.br/contabilidade-online/entenda-quais-sao-os-tipos-de-empresa-para-abrir-no-brasil/>. Acesso em: 18 out. 2022.

TORRES, V. **Investimento inicial de uma empresa**: O que é? Como calcular. 11 nov. 2022d. Disponível em: <https://www.contabilizei.com.br/contabilidade-online/investimento-inicial-de-uma-empresa/>. Acesso em: 18 out. 2022.

TORRES, V. **O que é preciso saber sobre regime de tributação?** 5 ago. 2022e. Disponível em: <https://www.contabilizei.com.br/contabilidade-online/o-que-e-preciso-saber-sobre-regime-de-tributacao/>. Acesso em: 18 out. 2022.

VOLPATO, B. **Benchmarking**: o que é, como fazer, dicas e material gratuito! 9 mar. 2020. Disponível em: <https://resultadosdigitais.com.br/marketing/benchmarking/>. Acesso em: 18. out. 2022.

WALLAS, G. **Art of Thought**. London: Jonathan Cape, 1926.

WEIL, P. **Relações humanas na família e no trabalho**. 44. ed. Petrópolis: Vozes, 1992.

WITT, L. **Entrevista concedida a Aline Pires**. Curitiba, 26 abr. 2022.

ZOGBI, E. **Criatividade**: o comportamento inovador como padrão natural de viver e trabalhar. São Paulo: Atlas, 2014.

Respostas

Capítulo 1

Questões para revisão

1. É imprescindível escrever a missão de uma empresa, pois ela é a razão da existência da organização. Na missão devem constar frases que demonstrem a síntese do negócio desde o início de sua existência. Já na visão devem constar objetivos de médio ou longo prazo. A declaração de visão consiste em descrever onde a empresa está, aonde quer chegar e de que maneira pretende fazê-lo. Tais sentenças nortearão toda a atuação da organização.
2. Consiste em apresentar a hierarquia das necessidades do indivíduo como consumidor. Na base estão as necessidades fisiológicas, como fome, sede e sono. Em seguida aparecem as necessidades de segurança, de se sentir protegido. Depois estão as necessidades sociais ou de amor e relacionamento, seguidas das necessidades de estima (conquista) e, por último, de *status* e autorrealização.
3. c
4. e
5. d

Capítulo 2

Questões para revisão

1. É uma espécie de ensaio no papel. Visa diminuir os riscos e o insucesso de uma nova empresa. Trata-se de um documento que descreve os objetivos principais de um negócio com a intenção de atrair possíveis parceiros e investidores.
2. Sumário executivo; análise de mercado; plano de marketing; plano operacional; plano financeiro; avaliação estratégica.
3. c
4. d
5. a

Capítulo 3

Questões para revisão

1. Resposta de caráter pessoal. Um exemplo de resposta complementar tem como base Maximiano (2011, p. 32), segundo o qual administrar é "um processo de tomar decisões sobre o uso de recursos para permitir a realização de objetivos".
2. O termo *stakeholder* significa "público estratégico" e descreve todos que são impactados pelas ações de um empreendimento.
3. a
4. b
5. c

Capítulo 4

Questões para revisão

1. A sigla MEI se refere à categoria de Microempreendedor Individual. Entre suas vantagens estão a rapidez na abertura e os impostos pagos em valores menores e em uma única guia de pagamento.
2. Tipos societários são: Empresário Individual (EI); Empresário Individual de Responsabilidade Limitada (Eireli); Limitada (Ltda.); e Sociedade Anônima (S.A.). Já os portes são: Microempreendedor Individual (MEI); Microempresa (ME); e Empresa de Pequeno Porte (EPP). Por fim, os regimes tributários são: Simples Nacional; Lucro Presumido; e Lucro Real.
3. a
4. c
5. c

Capítulo 5

Questões para revisão

1. O aluno poderá fornecer explicações considerando os autores citados no capítulo. Por exemplo, Fialho (2006, p. 26) assim define o empreendedorismo:

O empreendedorismo nada mais é do que a capacidade de criação, por meio do estabelecimento de objetivos e obtenção de resultados positivos. É a materialização de um sonho, de uma imagem mental. O objetivo a ser atingido origina-se na visão sistêmica que se destrincha na intenção dos atos do empreendedor. E os resultados surgem a partir da ação criativa, persistente e focada nos objetivos.

2. O aluno poderá fornecer explicações considerando os autores citados no capítulo. Por exemplo, para Chiavenato (2021, p. 9), o espírito empreendedor se caracteriza por "fazer as coisas acontecerem, pois é dotado de forte sensibilidade para os negócios, tino financeiro e capacidade de identificar e aproveitar oportunidades ambíguas, nem sempre claras e definidas".
3. a
4. d
5. a

Sobre a autora

Aline Cristina Pires graduou-se em Comunicação Social: Publicidade e Propaganda (2008) pela Faculdade Opet (FAO), instituição na qual também fez especialização em Gestão de Marketing (2012). Tem especialização em Formação Docente para Educação a Distância pelo Centro Universitário Internacional Uninter e, atualmente, cursa o mestrado em Comunicação e Linguagens na Universidade Tuiuti do Paraná (UTP).

Em 2007, iniciou a carreira profissional na área de comunicação como estagiária do setor de marketing do Grupo RICPR – Rede Independência de Comunicação, no Estado do Paraná. Trabalhou como assistente e analista de comunicação. Além disso, atuou como coordenadora de comunicação e eventos no Grupo Massa e como coordenadora de marketing na rádio e portal de notícias Banda B, ambos localizados no Paraná. Trabalhou também em agências de publicidade e propaganda. Atualmente, é sócia-diretora da empresa Aline Pires Cursos e Treinamentos e é professora dos cursos de Marketing, Marketing Digital e Gestão de Mídias Sociais EaD no Centro Universitário Internacional Uninter.

É pesquisadora na área de comunicação, integrante do Grupo de Pesquisa Interações Comunicacionais, Imagens e Culturas Digitais (Incom), vinculado à UTP, e também participa do Grupo de Pesquisa Empreendedorismo e Serviços na Perspectiva da Territorialidade e Inovação, vinculado ao Centro Universitário Internacional Uninter.

Os papéis utilizados neste livro, certificados por instituições ambientais competentes, são recicláveis, provenientes de fontes renováveis e, portanto, um meio **respons**ável e natural de informação e conhecimento.

Impressão: Reproset
Maio/2023